PROGRAMME COMPLET

JE PASSE MON

CAP

PÂTISSIER

· ·

EN CANDIDAT LIBRE

WWW.OBJECTIFPATISSIER.FR

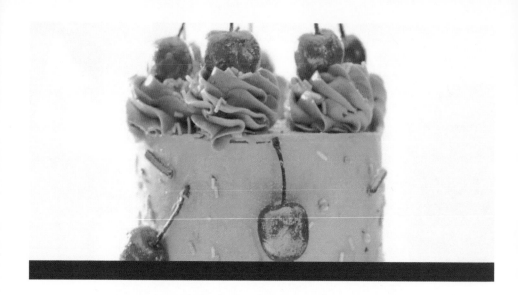

TOUS DROITS RÉSERVÉS

· · · · · · · · · · · · · · · · · · · ·

A PROPOS DE NOUS

Passionnée de pâtisserie depuis toujours, Laura a décidé de changer de vie du jour au lendemain. C'est à l'âge de 25 ans qu'elle décide de se donner un nouveau challenge : passer son CAP Pâtissier, en candidat libre ! Après des heures et des heures de révision, des heures de pratique et de remises en question... elle valide haut la main son diplôme ! Elle s'installe à Paris, travaille plusieurs mois dans de belles maisons parisiennes et décide finalement par se lancer dans l'entrepreneuriat. C'est ainsi que née sa marque : @eat.my.sneaks Ce changement de vie devient alors tellement profond que Laura a pour objectif d'aider d'autres personnes à elles aussi atteindre leur rêve et réussir leur reconversion pour une vie pleine de choix et d'accomplissement. Elle s'associe alors avec Michael, jeune pâtissier lui aussi passionné depuis des années. Ensemble, ils souhaitent partager avec vous leurs connaissances et vous aider à progresser en pâtisserie : par plaisir ou pour passer votre CAP Pâtissier !

Rejoignez vous aussi, notre communauté de pâtissiers passionnés !!

Instagram

Facebook

YouTube

W W W . O B J E C T I F P A T I S S I E R . F R

Sommaire

PARTIE 1

Introduction

GLOSSAIRE

a

ABAISSE morceau de pâte aplatie selon la forme et l'épaisseur désirée
ABAISSER étendre et aplatir la pâte au rouleau ou au laminoir
ABRICOTER étaler à l'aide d'un pinceau une couche +/- épaisse de marmelade d'abricot
ACCOLER réunir, assembler 2 ou plusieurs éléments pour constituer un gâteau
ACIDITÉ saveur piquante résultant de la fixation de l'oxygène ou de l'hydrogène avec un corps simple se mesurant entre les valeurs 0 et 14 (0 à 7 : acidité -7 : neutre - 7 à 14 : basicité)
APPAREIL mélange de plusieurs substances entrant dans la composition d'une préparation de pâtisserie
APPRÊT seconde pousse qui s'effectue après le pointage, puis le façonnage d'une pâte fermentée et avant la mise au four
AROMATISER incorporer une arôme ou un aromate à une préparation

B

BAIN-MARIE eau +/- chaude, dans laquelle on place un ou des récipients contenant des préparations à cuire ou à tenir au chaud
BATTRE agiter vigoureusement une préparation, à l'aide d'un fouet, soit pour la mélanger, soit pour augmenter son volume
BEURRE CLARIFIÉ beurre fondu que l'on laisse décanter pour en ôter le petit lait
BEURRE MANIÉ mélange de beurre et de farine utilisé pour le feuilletage inversé
BEURRE MALAXÉ beurre travaillé à la main pour le ramollir et lui donner de la plasticité avant de l'incorporer
BEURRE POMMADE beurre ramolli ayant la consistance d'une pommade
BEURRE
1. enduire les parois de moules et de plaques d'une fine couche de beurre pour empêcher les pâtisseries de coller
2. incorporer du beurre dans la détrempe de feuilletage
BLANCHIR
1. faire bouillir certains fruits/légumes/viandes pour les attendrir pour mieux les éplucher ou pour enlever l'âcreté
2. travailler au fouet un mélange d'œufs et de sucre
BOULER rouler de la pâte pour lui donner la forme de boule
BROYER écraser à l'aide d'un rouleau ou d'une broyeuse certaines matières premières
BRÛLER se dit d'une pâte trop sèche qui se déchire. Apporter un motif décoratif sur certains gâteaux à l'aide d'un fer rougi. Brûler des jaunes : morceaux de jaunes cuits à la suite d'un contact avec le sucre.

GLOSSAIRE

C

CANDIR enrober des bonbons d'une couche de protection constituée par des cristaux de sucre

CANNELER

1. rainures, sillons creusés à l'aide d'un couteau canneleur dans la peau de certains agrumes
2. incruster dans une pâte des rainures parallèles à l'aide d'un couteau spécial.

CARAMÉLISER

1. enduire de sucre caramélisé une pâtisserie ou un moule
2. brûler du sucre sur certains gâteaux avec un fer rouge

CHABLONNER enduire la surface d'une feuille/moule/masse/biscuit d'une fine couche de chocolat fondu

CHEMISER appliquer à l'intérieur d'un moule/caissette, une légère couche de glace/gelée/chocolat/papier/farine/caramel

CHINOIS filtre tronconique extrêmement fin

CHIQUETER entailler +/- profondément le pourtour d'une pièce en pâte feuilletée, à l'aide d'un couteau, pour lui donner un aspect particulier

CLARIFIER

1. opération qui consiste à débarrasser un liquide des impuretés en suspension qu'il contient par filtrage, décantation ou à l'aide de blancs d'œufs,
2. action de séparer le blanc du jaune d'oeufs

COLLER

1. incorporer de la gélatine dans une préparation
2. assembler des motifs de décoration avec diverses matières premières

COLORER ajouter une matière colorante dans une préparation ou des matières premières

CONCASSER broyer assez grossièrement en vue d'obtenir des morceaux +/- gros

CONCHER travailler de la couverture en vue de la rendre homogène

CONFIRE remplacer les sucs contenus dans les cellules de fruits, plantes ou fleurs, par un sirop de sucre

CORNER racler complètement des récipients à l'aide d'une corne pour y laisser le moins possible de matières premières

CORNET feuille de papier triangulaire, roulée en cône où l'on verse chocolat ou glace royale pour faire des inscriptions.

CORPS donner du corps, élasticité, résistance d'une pâte après son pétrissage

COUCHER dresser sur une plaque à l'aide d'une poche à douille

COUVERTURE variété de chocolat riche en beurre de cacao, 21% minimum

CRÉMER travailler une matière première seule ou avec du sucre afin de lui donner la consistance d'une crème

CROÛTER séchage à l'air ou en étuve permettant d'obtenir une pellicule sèche et résistante à la surface

CUIRE

1. mettre la préparation au four durant un laps de temps déterminé
2. cuire à blanc : cuire les fonds de tartes sans garniture

CULOTTER faire brûler le fond d'une casserole ou d'un gâteau

GLOSSAIRE

D

DÉCANTER transvaser doucement un liquide pour le séparer du dépôt qui s'est formé au fond du récipient

DÉCORER embellir l'aspect en ornant d'éléments artistiques décoratifs

DÉCUIRE rajouter de l'eau au cours de la cuisson d'un sucre pour le ramener à une température de cuisson inférieur

DÉGLACER faire fondre avec de l'eau, la fine couche de sucre sur les bords et surfaces de récipients contenant du sucre

DÉMOULER retirer avec précaution le moule d'une préparation

DÉTAILLER découper des morceaux de pâte de forme bien déterminée dans une abaisse de pâte, avec couteau ou découpoirs

DÉTREMPE pâte de base, constituée par un mélange de farine, sel, eau, que l'on utilisera lors de la confection du feuilletage

DÉVELOPPER augmentation du volume de préparation (pâte, crème, gâteaux), au cours de la cuisson ou fermentation

DISSOUDRE faire fondre certaines substances solides dans un liquide

DORER étaler un mélange d'œufs battus avec un pinceau pour donner un aspect brillant à certaines pâtisseries

DOUBLER glisser une plaque sous une autre avant ou pendant la cuisson pour empêcher les produits de ferrer ou pour garder leur moelleux

DRESSER
1. donner une forme à une pâte ou à un appareil à l'aide d'une poche ou d'un pochoir
2. disposer avec goût des pâtisseries sur un plateau pour la présentation

E

ÉBARBE
1. enlever la partie qui dépasse des bords d'un gâteau
2. ôter les bords dépassant irrégulièrement d'une pièce en chocolat moulé

ÉBULLITION de grosses bulles se forment dans le fond du récipient et viennent éclater en surface, mettant ce liquide en mouvement.

ÉCLISSES petits bâtonnets de fruits secs

ÉCUMER ôter les impuretés qui se forment à la surface de cuisson de sucre, confitures, gelée ou bouillon à l'aide d'un écumoire

EFFILER couper des fruits secs, en fines tranches, soit mécaniquement, soit manuellement

ÉGOUTTER débarrasser une pâtisserie ou une denrée de son excédent de liquide (sirop, jus, fondant..) **ÉMINCER** couper en tranches fines

ÉMONDER (MONDER) enlever la peau des amandes/noisettes/pistaches/tomates...après les avoir ébouillantées quelques instants

ÉMULSIONNER provoquer la dispersion d'un liquide dans un autre liquide ou dans une matière dans lequel il n'est pas miscible. On provoque une émulsion en dispersant des œufs dans du beurre ou de la margarine.

GLOSSAIRE

ÉPÉPINER ôter, enlever les pépins se trouvant dans certains fruits

ÉPLUCHER ôter la peau d'un fruit et enlever tout ce qui n'est pas comestible

ÉQUEUTER retirer les queues d'un fruit

ÉTIRER allonger du sucre cuit, le replier sur lui puis recommencer plusieurs fois afin d'obtenir le satinage du sucre tiré

ÉTUVER mettre un produit à l'étuve, pour accélérer sa fermentation. Dessécher certaines denrées.

ENFOURNER mettre dans le four des préparations à cuire

ENROBER recouvrir entièrement une préparation d'une couche +/- épaisse d'une matière protectrice uniformément. Cette matière est le plus souvent de la couverture ou du fondant.

ÉVIDER éliminer l'intérieur de certains fruits avant de les garnir (fruits givrés…)

F

FAÇONNER donner une forme particulière en modelant avec les mains toutes sortes de pâtes

FARDER couleur appliquée partiellement ou entièrement au pinceau sur des sujets modelés avec de la pâte d'amandes/pâte sucre

FARINER saupoudrer de farine, un tour/plaque/moule afin d'empêcher certaines fabrications de coller ou de s'étaler

FERRER se dit pour désigner une pâtisserie dont le fond a brûlé

FESTONNER action de couper en arrondi le bord de certaines pâtes

FILTRER faire passer un liquide (sirop, crème) à travers un filtre à papier/étamine pour le débarrasser de ses impuretés

FILMER action de recouvrir de film alimentaire une préparation pour empêcher l'altération à l'air libre

FILMER AU CONTACT poser un film alimentaire de manière à ce qu'il entre en contact direct avec la préparation. Ainsi, empêcher le contact de l'air et la préparation est conservée de manière hermétique. Le but est d'éviter la formation d'une pellicule ou d'une croûte en surface ou de condensation, qui pourrait altérer le goût de la préparation

FLAMBER arroser légèrement d'alcool un dessert, une sauce, un fruit… puis l'enflammer

FLEURER saupoudrer d'une très fine pellicule de farine

FOISONNER augmenter le volume d'une crème, en incorporant de l'air.

FONCER tapisser l'intérieur d'un moule/cercle avec de la pâte afin de constituer un fond/support permettant de recevoir d'autres substances

FOND pâte utilisée comme base de fabrication et constituant généralement la couche inférieure d'un gâteau

FONTAINE creux que l'on fait dans la farine ou autres matières premières, et où l'on y verse les matières liquides à incorporer

FOUETTER battre +/- vigoureusement une matière/préparation avec un fouet pour mélanger, lier, alléger…

FOURRER garnir de crème ou d'une autre matière un fond de pâtisserie

FRAISER (ou FRASER) écraser une pâte avec la paume de la main pour la lisser, tout en évitant de lui donner du corps

FRAPPER baisser brusquement la température d'un récipient, d'un liquide, d'une crème, d'un appareil

GLOSSAIRE

g

GARNIR remplir une préparation (de crèmes, génoises...) un fond de gâteau, un moule, une poche
GRAINÉ aspect d'une préparation qui n'est pas homogène, qui présente comme des petits grains
GRAISSER enduire à l'aide d'un pinceau ou bombe, de la graisse sur les moules/plaques pour éviter que la pâtisserie ne colle
GLACER

1. action de recouvrir partiellement ou entièrement la surface d'une pâtisserie avec un glaçage (chocolat, fondant...)
2. donner une brillance à une pâtisserie en y ajoutant du sirop à la sortie du four

H

HACHER couper en petits morceaux avec un hachoir ou autre instrument tranchant des amandes, noix...
HISTORIER embellir un fruit, un légume, un agrume, en pratiquant des incisions à l'aide d'un couteau
HUILER enduire d'une fine couche d'huile les parois de moules, de plaques ou la surface d'un marbre

I

IMBIBER faire pénétrer liquide (sirop, alcool, liqueur..) sur un biscuit, pour le rendre moins sec ou le parfumer
INCISER entailler ou couper +/- profond une pâtisserie à l'aide d'un instrument tranchant pour agrémenter présentation
INCORPORER mélanger un ingrédient avec un autre ou l'ajouter à une préparation.
INCRUSTER marquer +/- profond la surface d'une pâtisserie ou confiserie, de motifs décoratifs à l'aide d'un couteau
INFUSER action de mettre une substance aromatique dans un liquide bouillant le temps nécessaire pour lui communiquer son arôme. Par exemple faire infuser de la menthe fraîche dans un sirop.

L

LUSTRER recouvrir une préparation de nappage, de gelée, de beurre clarifié, pour lui donner un aspect brillant

m

MACARONNER travailler énergiquement la pâte à macarons à la maryse pour l'assouplir, la rendre lisse et brillante
MACÉRER faire tremper +/- longtemps dans de l'alcool ou dans un liquide aromatique alcoolisé, des fruits frais, secs ou confits, afin de les conserver ou les parfumer
MALAXER pétrir à la main ou ramollir et améliorer les qualités plastiques de certaines matières grasses

GLOSSAIRE

MANIER pétrir à la main une certaine quantité de matière grasse et de farine pour les incorporer l'une à l'autre

MARBRAGE glaçage au fondant rappelant l'aspect du marbre

MARBRER opération technique : former sur la surface supérieure des pâtisseries des veines colorées rappelant l'aspect du marbre

MASQUER recouvrir entièrement la surface supérieure et les bords des gâteaux d'une couche +/- épaisse de crème, de chocolat fondu, de pâte d'amandes ou de pâte à sucre

MASSE préparation de pâtisserie et confiserie qui se présente sous l'aspect d'une pâte très épaisse telle que la pâte d'amande

MASSÉ se dit d'un sucre qui se cristallise, qui tourne pendant ou après la cuisson

MASSER faire cristalliser volontairement un sirop de sucre partiellement ou entièrement

MERINGUER recouvrir une pâtisserie de meringue

MIX mélange de tous les ingrédients secs d'une recette

MIXER mélanger ou pulvériser plusieurs substances dans un appareil électrique appelé « mixer » ou « mixeur »

MODELER réaliser à l'aide de pâte d'amande ou pâte à sucre des modelages de personnages, fruits, animaux

MONTER

1. battre au fouet un ingrédient pour en augmenter le volume

2. assembler les différentes parties d'une pâtisserie

MOUCHETER

1. projeter des petits points de colorant ou de chocolat sur certaines pièces ou modelage en pâte d'amande

2. exécuter avec un pinceau une sorte de crépi décoratif sur certaines pièces en chocolat

MOUILLER étaler de l'eau à l'aide d'un pinceau sur la surface de cuisson

MOUILLURE (boîte à) récipient contenant de l'eau que l'on utilise généralement pour humidifier les plaques et les moules

MOULAGE pièce en chocolat faite à l'aide d'un moule (moulage de Noel, Pâques..)

MOULER verser une substance ou une préparation liquide ou semi-liquide (sucre-chocolat) dans un moule pour obtenir une reproduction de sa forme après solidification

MOUSSER battre un appareil pour le rendre plus léger et plus mousseux

NAPPER couvrir une préparation avec une crème ou du chocolat fondu

OBTURER boucher ou fermer la cavité d'un gâteau/bonbon de chocolat moulé avec une crème/ couverture de chocolat

PANADE nom de la pâte obtenue avant l'incorporation des œufs dans la pâte à choux

GLOSSAIRE

PARER
1. faire adhérer certains produits (amandes, pailletés, granulés..) sur les bords et la surface des gâteaux pour décorer
2. enlever les parties des matières premières qui ne sont pas bonnes à consommer ou peu esthétiques
PARFUMER ajouter un parfum ou un arôme à une préparation
PARURES chute de pâtes, gâteaux, biscuits, après les avoir parées
PASSER verser un liquide au travers d'un chinois, d'une passoire ou d'un tamis, pour n'en retenir que les impuretés
PÂTON nom donné à de la pâte feuilletée boulée et prête pour l'emploi
PELER opération qui consiste à enlever la peau d'un fruit ou d'un légume
PESER déterminer ou préparer une certaine quantité de matière première à l'aide d'une balance ou évaluer la densité d'un sirop de sucre à l'aide d'un pèse-sirop
PÉTRIR malaxer plusieurs ingrédients pour les transformer en une pâte homogène
PINCÉE quantité de matière première que l'on peut prendre entre deux doigts dans le geste de pincer
PINCER opération qui consiste à agrémenter le pourtour d'une tarte en striant les bords à l'aide d'une pince à tarte ou en serrant entre les doigts un peu de pâte à la fois
PIQUER percer de nombreux petits trous la surface supérieure d'une abaisse de pâte, dans le but d'empêcher la formation de boursouflures durant la cuisson
POCHER
1. cuire un aliment dans un liquide bouillant
2. dresser à l'aide d'une poche à douille
POINTER faire fermenter une pâte levée, dès la fin du pétrissage, durant un temps +/- long
POUSSE
1. augmentation du volume d'une pâte due à la fermentation
2. développement caractéristique de la pâte feuilletée après cuisson
PRALINER enrober de sucre cuit des fruits secs, puis faire sabler l'ensemble
PUNCHER faire pénétrer un liquide (alcool + sirop) dans une pâtisserie pour l'imbiber ou la parfumer

RAFRAÎCHIR
1. redonner à une préparation défraichie un aspect de fraîcheur
2. entreposer une préparation dans un frigo afin de la refroidir
RAYER avec la pointe de la lame d'un couteau, inciser la surface de certains gâteaux pour les décorer
RETOMBER se dit d'une pâte, d'un appareil, d'une meringue dont le volume diminue après avoir augmenté pendant le montage ou la cuisson, suivant le cas
RIOLER placer des bandes de pâte à intervalles réguliers sur la surface supérieure d'un gâteau, de façon qu'elles s'entrecroisent en diagonales
ROGNURES chutes de pâtisserie provenant de découpes de pâtes
ROMPRE rabattre une pâte à son état initial après un certain temps de pointage, pour redonner plus d'activité à la fermentation et pour donner plus de force à la pâte
RUBAN état de préparation devenue suffisamment épaisse, pour qu'elle s'écoule lentement et se plie sur elle-même comme un ruban

GLOSSAIRE

S

SABLER

1. brasser ensemble de la farine et de la matière grasse jusqu'à l'obtention d'un mélange rappelant un peu la texture du sable

2. faire masser du sucre cuit en le tournant avec une spatule, jusqu'à l'obtention d'une masse granuleuse et sableuse

SALPICON mélange de plusieurs sortes de fruits coupés en petits dés

SERRER fouetter très rapidement en fin de montage certaines préparations (ex : les blancs d'œufs) pour leur donner de l'homogénéité

SIROPER imbiber de sirop un fond d'un biscuit

STRIER tracer des stries à l'aide d'ustensiles divers sur la surface supérieure de certains gâteaux

T

TABLER mettre le chocolat au point en travaillant environ les deux tiers de la masse sur un marbre

TAMISER secouer d'un mouvement horizontal circulaire un tamis dans lequel se trouve une matière pulvérulente pour en ôter les grumeaux et les impuretés éventuelles

TAMPONNER

1. enfoncer dans des moules, une abaisse de pâte avec un tampon de pâte.

2. enduire d'une fine couche de beurre la surface supérieure d'une crème pâtissière pour l'empêcher de croûter.

TIRER après avoir cuit du sucre à une température déterminée, l'étirer et le replier plusieurs fois pour le satiner, pour confectionner des fleurs, des feuilles, etc...

TOURNER ôter, à l'aide d'un couteau, la peau d'un fruit pour lui donner une forme régulière

TOURRER plier en trois ou en quatre, un pâton de pâte feuilletée, après l'avoir allongé

TRAVAILLER battre, pétrir, remuer... un appareil, une crème ou une pâte

TREMPER

1. imbiber une pièce de pâtisserie (baba, savarin,...) avec du sirop, en la plongeant dans ce sirop

2. plonger des bonbons ou des intérieurs dans de la couverture ou du fondant

TURBINER opération qui a pour but de raffermir un appareil dans une turbine, en le glaçant.

V

VANNER agiter une crème pour conserver la cohésion des divers éléments qui la composent et empêcher la formation d'une peau

VIDELER replier le bord d'une abaisse d'une certaine manière pour obtenir un rebord destiné à la garniture

VOILER entourer partiellement ou complètement de sucre filé une pièce de pâtisserie ou une glace

Z

ZESTER enlever à l'aide d'un couteau zesteur la peau des agrumes

MATÉRIEL INDISPENSABLE

Une liste du matériel que vous devrez avoir en votre possession, aussi bien pour vos entraînements pratiques que pour l'examen du CAP Pâtissier !

- Un économe
- Une paire de ciseaux de cuisine
- Un couteau d'office
- Un ou deux minuteurs
- Une balance alimentaire
- Un fouet inox
- Une râpe
- Des culs de poules
- Un rouleau à pâtisserie
- Film alimentaire et papier cuisson
- Torchons
- Robot pâtissier
- Feuille silpat
- Rhodoïd
- Cercles à entremet : 20cm et 22cm de diamètre avec une hauteur de 4,5cm
- Cercles à tarte : 20cm et 22cm de diamètre avec une hauteur de 2cm
- Petits moules à brioches individuelles (environ 10)
- Un moule brioche Parisienne (environ 20cm de diamètre et 8cm de hauteur)

- 1 maryse
- Pinceau
- 2 ou 3 cornes
- 1 coupe-pâte
- Couteau de tour de 25 cm
- Pince à tarte (optionnelle)
- Palette inox de 21 cm et 9 cm
- Palette coudée de 23 cm
- Spatules exoglass : une petite et une moyenne
- Thermomètre à sonde
- Tamis
- Douilles unis et cannelées
- Poches à douilles jetables
- Chalumeau
- Emportes pièces (ronds, cannelés ...)

TENUE ADÉQUATE

Tenue indispensable pour le jour de l'examen.
Entraînez-vous chez vous à la porter pour ne pas être gêné le jour J !

- Une veste professionnelle blanche
- Un pantalon pied-de-poule noir
- Une paire de chaussures de sécurité antidérapante
- Un calot ou une toque
- Deux tabliers pour pouvoir vous changer après la pause déjeuner

DÉROULEMENT DES ÉPREUVES

L'examen du CAP Pâtissier a été légèrement modifié depuis la réforme de 2020.

Voici les nouvelles modalités d'obtention du CAP Pâtissier à partir de 2021 :
• 2 journées de pratique au lieu d'une seule
• Stages obligatoires en entreprise même en étânt candidat libre
• Coefficients plus importants pour la pratique
• Nouvelles pâtisseries au programme : petits fours secs et moelleux, gâteaux de voyage, petits gâteaux

Désormais, le CAP Pâtissier se divise en 2 pôles :

PÔLE 1

Tour, petits fours secs et moelleux, gâteaux de voyage

Coefficient 9 dont 1 pour la PSE - durée de 5h30 + 1h pour la PSE

Ecrit : questions sur les compétences professionnelles et le savoir-faire liés aux pâtisseries que le / la candidat(e) sera amené(e) à produire lors de l'épreuve. Une partie de l'épreuve écrite portera sur la PSE.

Pratique : fabrication d'au moins 2 pâtes dont une levée (PL), levée feuilletée (PLF) ou feuilletée (PF), une crème cuite, un fonçage et une préparation de petits fours secs ou moelleux ou d'un gâteau de voyage ou d'une meringue.

Oral : analyse sensorielle + évaluation de la production (défauts et actions correctives)

PÔLE 2

Entremets et petits gâteaux

Coefficient 7 - durée de 5h

Ecrit : élaboration d'un ordonnancement de travail et des questions sur les compétences professionnelles et le savoir-faire liés aux pâtisseries dans l'épreuve pratique suivante

Pratique : élaboration de deux fonds différents (pour entremets et pour petits gâteaux), deux garnitures différentes, un dressage à la poche, la fabrication et l'application d'un glaçage, au moins un élément de décor en chocolat, de l'écriture au cornet et de la décoration des produits.

Oral : dégustation des réalisations du candidat puis compte rendu avec lui pour justifier l'état de commercialisation de la production, valoriser les produits élaborés et faire le bilan du travail réalisé, répondre aux questions du jury (prestation, organisation et production)

STAGES OBLIGATOIRES

Jusqu'à maintenant, les candidats libres n'avaient pas de stages obligatoires. Ils étaient libres d'en faire ou non. A partir de 2021, toutes les personnes souhaitant passer leur examen devront justifier d'au moins 2 stages réalisés dans les 3 années précédant l'examen :

- Un stage de 7 semaines consécutives dans lequel vous aurez vu le travail du tour (PF, PLF), les petits fours, moelleux et gâteaux de voyage.
- Un stage de 7 semaines consécutives dans lequel vous aurez vu le travail des entremets et des petits gâteaux.

Une attestation de(s) entreprise(s) justifiant les stages effectués dans les conditions requises devra être fournie par le candidat lors de l'inscription à l'examen.

ATTENTION : il faut donc avoir réalisé ces stages **AVANT** l'inscription d'octobre/novembre !!!

Note : sur la base d'un calcul de 35heures/semaine, 14 semaines de stage correspondent donc à 490 heures.

AUTRES

ÉPREUVES GÉNÉRALES

seulement si vous n'avez pas un niveau supérieur ou équivalent au CAP ! Si vous ne possédez pas de diplôme d'un niveau supérieur ou équivalent au CAP, vous devrez passer des épreuves générales :

- Français
- Mathématiques/sciences
- Histoire

Si vous avez un niveau supérieur ou égal au CAP, vous échappez à ces épreuves ! Nous ne préparons malheureusement pas à ces épreuves générales dans cette formation.

Attention, pour ce qui est de l'épreuve d'anglais, elle était jusque là optionnelle et est désormais obligatoire !

ÉPREUVES FACULTATIVES

Ces épreuves ne comptent que si vous obtenez la moyenne aux épreuves obligatoires.

- épreuves sportives

Renseignez-vous pour ces épreuves facultatives, car nous ne vous formerons malheureusement pas dans cette formation.

THÈMES ET DÉCORS 2020

Avant la réforme de 2021, 3 thèmes de décors tombaient quelques semaines avant l'examen, pour vous préparer. Or, le jour de votre épreuve, seulement un des trois thème tombait.

Cependant, depuis la réforme, vous ne connaissez plus les thèmes possibles. Vous ne connaitrez que le thème du décor le jour de votre examen pratique.

Les 3 thèmes de décors pour la session 2020 étaient :

- Super héros
- Les 18 ans de Camille
- La magie de Noël

Le jour de l'examen, vous devrez vous concentrer sur la décoration de l'entremets, mais si vous avez suffisamment de temps, vous pourrez également décorer la tarte. Cependant, concentrez vraiment vos efforts sur les décors et finitions de votre entremets, car il est obligatoire !

Attention :

- Ne pas dépasser 15 minutes pour la décoration
- Ecriture au cornet obligatoire

PARTIE 2

Connaissance
de l'entreprise

L'ENTREPRISE ET SES PARTENAIRES

LE RÔLE DE L'ENTREPRISE

L'entreprise produit des biens ou des services utiles aux personnes afin de satisfaire leurs besoins. Le savoir-faire des autres est indispensable.

LE BUT DE L'ENTREPRISE

Le consommateur doit avoir de l'argent (gagné grâce au salaire) pour satisfaire ses besoins. L'entreprise vend des biens et des services à un prix de vente qui doit tenir compte des charges de l'entreprise utilisées pour les produire.
Bénéfices : l'entreprise gagne de l'argent pour acheter les outils de production (machines) afin de créer le biens/service et payer ses employés.

CARACTÉRISTIQUES DE L'ENTREPRISE

Dénomination/raison sociale : appellation au Registre du Commerce et des Sociétés
Nom commercial : nom sur les documents commerciaux, les factures, les cartes de visites...
Enseigne commerciale : signe visible apposé sur la façade de l'établissement
Siège social : adresse où l'entreprise est immatriculée, un numéro lui est attribué au RCS (Registre du commerce et des sociétés)
Numéro Siren : 9 chiffres attribué par l'INSEE suite à l'immatriculation d'une entreprise

Numéro Siret : 14 chiffres composé du numéro SIREN + numéro NIC
Code APE : activité principale exercée : référencée par des codes

L'ENTREPRISE ET SES PARTENAIRES

Différents partenaires selon les entreprises, indispensables pour le fonctionnement de l'entreprise. Avoir de bonnes relations est important pour la vie de l'entreprise
Exemples : La Banque finance un projet (emprunt), les producteurs fournissent les aliments, les opérateurs téléphoniques permettant les prises de commandes par téléphone...

DÉFINITIONS

Entreprise : Unité de production de biens ou service, à but commercial

Bien : Objet possédé par un individu, satisfaisant ses besoins de consommation. L'entreprise en produit.

Service : Action concrète qui rend service aux consommateurs.

Bénéfice : différence entre prix d'achat et prix de vente d'un bien ou d'un service

MÉNAGE ET BUDGET

LA NOTION DE MÉNAGE

Un ménage désigne l'ensemble des occupants d'un même logement (sans lien obligatoire de parenté), ayant un budget commun pour répondre aux dépenses et besoins. Un ménage peut être composé d'une seule personne.

LES RESSOURCES D'UN MÉNAGE

Un ménage a des besoins de ressources pour faire face aux dépenses. Ces ressources peuvent être variées : salaire, bourse, allocation logement, chômage, pension alimentaire, RSA, ...

LES DÉPENSES DU MÉNAGE

Les dépenses sont les dépenses de consommation finale effectuées par les ménages afin de satisfaire leurs besoins : nourriture, logement, transport, voiture, santé, loisirs...

LE BUDGET DU MÉNAGE

Il est différent selon les ménages.
Un budget excédentaire : plus d'entrées financières que de sorties (recettes supérieures aux dépenses)
Un budget équilibré : dépenses égales aux recettes.
Un budget déficitaire : dépassement du budget défini à cause d'un excès de dépenses ou de charges.

DÉFINITIONS

Revenu : argent gagné par les ménages (salaires, allocations...)
Dépense : argent sorti d'un ménage
Epargne : argent non consommé par le ménage et mis de côté en prévision de futures dépenses
Patrimoine : ensemble des biens et dettes d'un ménage
Budget prévisionnel : tableau des dépenses et recettes envisagées

LA COMMANDE

PASSER UNE COMMANDE

Le client qui passe une commande doit remplir un bon de commande et le signer. Il peut la passer par téléphone, internet, courrier, ou en direct. Ce bon de commande permet d'assurer que l'acheteur va payer et recevoir la marchandise commandée. Le vendeur, s'il accepte la commande, s'engage à la livrer à une date définie. En restauration, une commande est toujours passée à un fournisseur qui définit ses conditions de ventes.

CALCULS ÉLÉMENTAIRES

Exemple 1 : Une commande de 50 kg à 22€ le kilo.
Quel coût total ? Réponse : 50 x 22 = 1100€
Exemple 2 : 50 poulet à 1€ pièce avec une remise de 2%.
Prix d'un poulet après remise ? Réponse : (1 x 2) / 100 = 0,02€
donc 1 – 0,02 = 0,98€

DÉFINITIONS

Contrat : convention par laquelle une ou plusieurs personnes s'obligent à donner, à faire ou à ne pas faire quelque chose vis-à-vis de quelqu'un.

Prix unitaire : prix d'un seul produit

Valeur : prix réel d'un objet

Rabais : diminution d'un prix, souvent lorsqu'un produit n'est pas neuf ou comporte un défaut de qualité.

Remise : diminution d'un prix accordée pour un achat en grande quantité

Ristourne : réduction commerciale accordée selon le montant total des achats sur un trimestre ou une année

Escompte : réduction de prix lorsqu'une commande est payée avant son échéance

Prix Net Commercial : prix – rabais OU prix – remise OU prix – ristourne

Prix Net Financier : prix - escompte

LA LIVRAISON

DÉFINITIONS

Franco de port : les frais de livraison sont pris en charge par le vendeur.

Port dû : les frais de livraison sont à la charge de l'acheteur qui les paye à l'arrivée

Lettre RAR : lettre en Recommandée Accusée de Réception

Franco usine : l'acheteur assume l'ensemble des frais de transport de la marchandise qui est mise à sa dispo à l'usine ou à l'entrepôt du vendeur.

CONNAISSANCES UTILES

Une fois l'acte de commande fait (bon de commande rempli et signé), la commande doit être emballée, protégée pour le transport et livrée avec un bon de livraison. Le bon de livraison fait l'inventaire de la marchandise livrée au client. À la réception, le client doit impérativement vérifier les quantités et l'état des produits en présence du livreur. Le client remet l'original du bon de livraison au fournisseur et conserve le double pour des vérifications ultérieures (lors notamment de la réception de la facture). Chaque fournisseur doit prendre en compte les observations de son client (qui doivent être faite dans les 3 jours par lettre RAR)

BON DE LIVRAISON

- nom et adresse du fournisseur
- nom et adresse du client
- référence du bon de commande correspondant à la livraison
- date de la commande
- référence du bon de livraison
- date de livraison
- désignation des produits livrés
- quantité des produits livrés
- date et signature

FACTURES FOURNISSEURS ET RÈGLEMENTS

FACTURE

Document obligatoire entre les commerçants qui le conserve 10 ans. La facture détaille les marchandises commandées et livrées ou les services effectués en quantité et valeur monétaire.

TVA

Taxe sur la Valeur Ajoutée : impôt indirect, payé par le consommateur final. Exemple : le restaurateur achète des produits et paye la TVA au fournisseur (remboursée par l'état). Total HT des produits achetés par le restaurateur : 25€ Montant de la TVA : 25 x 7% = (28 x 7) / 100 = 1,75€ ; cette TVA est la TVA déductible Le restaurateur paye 26,75€ L'état devra rembourser au restaurateur 1,75€ Le restaurateur vend les produits à 37,50€ HT Montant de la TVA : 37,50 HT x 7% = (37,50 x 7) / 100 = 2,62€ ; cette TVA est la TVA collectée Le client paye 37,50 + 2,62 = 40,12€ Montant de la TVA à décaisser : TVA collectée – TVA déductible = 2,62 – 1,75 = 0,87€

TAUX DE TVA ET RESTAURATION

Le taux normal est fixé à 20%, pour la majorité des ventes de biens et des prestations de services : il s'applique à tous les produits ou services pour lesquels aucun autre taux n'est expressément prévu. Taux réduit de 10% applicable à la restauration. Taux réduit de 5,5% pour les produits alimentaires, gaz et électricité, repas dans cantines scolaires. Le prix sur les cartes-menus en restauration s'entend TTC.

RÈGLEMENT DE LA FACTURE AU FOURNISSEUR

Paiement :
- espèces : avec reçu ou ticket de caisse. La souche du reçu doit être conservée par le fournisseur, et le reçu doit être remis au client pour preuve du paiement.
- Chèque : le tireur (titulaire d'un compte bancaire) donne ordre au tiré (établissement bancaire) de payer une somme déterminée au profit du bénéficiaire : c'est la provision du chèque (somme)
- CB : permet de payer chez un commerçant affilié au réseau correspondant au logo figurant sur la carte. Nationale ou internationale, elle permet de réaliser des achats à distance (internet, téléphone, correspondance). Le client reçoit un ticket de paiement.

DÉFINITIONS

- **HT** : Hors taxes
- **TVA** : Taxe sur la Valeur Ajoutée : impôt indirect, payé par le consommateur initial
- **TTC** : Prix marchandise toutes taxes comprises TVA déductible : TVA payée par le restaurateur sur les produits qu'il achète pour les clients ; l'état lui rembourse cette
- **TVA TVA collectée** : TVA reçue des clients qui consomment dans le restaurant ; le restaurateur reverse cette TVA à l'état
- **TVA à décaisser** : différence entre la TVA collectée et la TVA déductible
- **Crédit de TVA** : c'est la différence entre la TVA déductible et la TVA collectée

LES FICHES DE STOCKS

LES BONS D'ENTRÉES ET LES BONS DE SORTIES

La marchandise est contrôlée avant d'être stockée, lors de la réception. Il faut alors remplir la rubrique des entrées de la fiche des stocks. La rubrique des sorties est à compléter lorsqu'une partie des stocks est retirée.

Tableau : Date - Mouvements - Entrée - Sorties - Stocks

COÛT D'ACHAT DES ENTRÉES

Coût achat = prix achat + frais approvisionnement (transport+emballage+assurance)

COÛT DE SORTIE

Deux méthodes utilisées pour calculer le coût de sortie :

• **Méthode CUMP** : (valeur du stock précédent + valeur de l'entrée) / (quantité stock précédent + quantité achetée)
• **Méthode du PEPS** : Premier entré = Premier sorti

FICHE DE SUIVI DE STOCK : Matière première Alpha						
Stock minimum	100		Fournisseur		Entreprise Gamma	
Stock maximum	600		Livraison moyenne		24 h	

Date d'entrée	Quantité entrée	Date de sortie	Quantité sortie	Stock théorique	Quantité à commander	Date de commande
				100 à 3,50 €		
05/09/N	500 à 5,00 €	–	–	600 ①	–	–
–	–	09/09/N	350	250 ②	–	–
–	–	17/09/N	150	100	500 ③	17/09/N
18/09/N	500 à 6,01 €	–	–	600	–	–
–	–	29/09/N	50	550	–	–

① 100 de stock de départ + 500 de quantité entrée
② 600 de stock théorique – 350 de quantité sortie
③ 600 de stock maximum – 100 de stock théorique

Source : i-manuel.fr

LES FICHES TECHNIQUES

Conversions des mesures de longueur, de masse et de capacité

Longueur	km	hm	dam	m	dm	cm	mm
Masse	kg	hg	dag	g	dg	cg	mg
Capacité	kl	hl	dal	l	dl	cl	ml

capuchon.eklablog.com

La fiche technique permet au pâtissier de connaître le grammage des produits utilisés ainsi que leur coût de revient. Pour que la recette et les prix soient d'actualité, il est important de mettre cette fiche à jour régulièrement

DÉFINITIONS

Conversion : changement d'unité de mesure
Coût total : prix de l'ensemble des produits utilisés
Coût unitaire : prix pour une personne

LA NOTE FINALE

DÉFINITIONS

Décompte : liste produits consommés par le client

Prestation : service fourni par le restaurateur

Recette : chiffre d'affaires total des ventes

Ventilation : répartition selon différentes valeurs ou différents produits

Le bon de commande : est rempli par le serveur qui prend la commande du client. Il est mis à jour régulièrement, dès que le client ajoute quelque chose. L'original du bon de commande est remis en cuisine et le double est laissé au client.

La main courante : est le registre du commerçant, établit à la fin du service, sur lequel sont indiquées toutes les opérations de vente ou d'achat de l'ensemble des clients. Elle se base sur la totalité des bons de commande. Il est important de vérifier si le montant trouvé de la main courante est équivalent au montant total de la recette (chèques, paiement, carte bancaire....) en réalisant une feuille de caisse. S'il y a des espèces, elles doivent être classées et comptées sur une fiche de ventilation. Le total doit être égal au montant total des espèces encaissées.

FACTURE ET NOTE CLIENT

Facture : document attestant l'achat ou la vente de biens ou services. Il mentionne le montant HT, la TVA et le montant TTC.

Note : document mentionnant le montant TTC des prestations services au client.

Le taux de TVA n'apparaît pas sur une note, mais il doit être obligatoirement indiqué sur la carte du restaurant.
• 10% de TVA sur le repas
• 20% de TVA sur les alcools

La TVA collectée s'applique aux ventes
La TVA déductible s'applique aux achats
TVA à décaisser : différence entre TVA Collectée et TVA déductible

Toute facture doit obligatoirement porter un en-tête FACTURE et une date.

LA NOTE FINALE

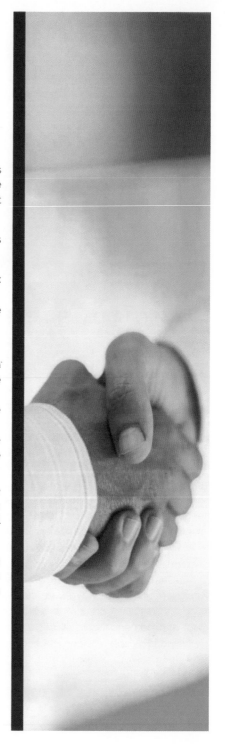

DIFFÉRENTS MODES DE RÈGLEMENTS

À la fin du service, le serveur doit classer les différents moyens de paiement par catégorie : espèces, chèque selon l'établissement bancaire, carte bancaire et ticket resto

Encaissements d'espèces : un bordereau de remises d'espèces récapitule le détail des pièces et billets.

Remise de chèque : le restaurateur doit faire deux choses pour encaisser les chèques :
• Endosser les chèques, signer au dos en ajoutant le numéro de compte
• Remplir le bordereau de remise de chèques

Les encaissements par carte bancaire : endosser La carte du client est introduite dans le TPE (Terminal de Paiement Electronique) :
• le restaurateur tape son code personnel et le montant à payer.
• le client tape ensuite son code pour valider le paiement et reçoit une facture (le restaurateur garde le double).

Le paiement sans contact (technologie sans fil à courte portée) permet de régler des achats de moins de 20€ : il suffit de passer sa carte à moins de 4 cm du terminal de paiement.

Tickets Restaurants : le restaurateur doit remplir un bordereau de remise des tickets resto à adresser au centre de règlements des titres pour recevoir la somme.

LA RÉMUNÉRATION

AVANTAGE EN NATURE

Biens, services ou produits fournis gratuitement aux employés (ou très faible participation).
Par exemple, nourrir son personnel est obligatoire selon les horaires de travail. Le salarié a droit à 44 repas dans le mois (sur la base de 22 jours ouvrables par mois). Cet avantage est évalué à 3,52€ pour un repas et il est soumis à des cotisations. Il fait donc partie du salaire brut du salarié.

INDEMNITÉ COMPENSATRICE

Compensation financière si le repas n'est pas fournit au salarié (si le salarié a par exemple des contre-indications médicales ou religieuses).

COTISATIONS

Sommes versées pour financer la sécurité sociale, le chômage et les retraites du salarié. Le pourcentage global de cotisation applicable au salaire brut est d'environ 23%.
Le salarié cotise à 3 caisses principales :

* Sécurité sociale
* Chômage
* Retraite

SALAIRE IMPOSABLE

Salaire soumis à l'impôt sur les revenus.

LA RÉMUNÉRATION

Taux horaire brut qu'un salarié reçoit selon son niveau (de I à IV) et son échelon (de 1 à 3).
Taux horaire net : taux horaire brut moins cotisations sociales.

HEURES SUPPLÉMENTAIRES

De la 36ème à la 39ème heure : majoration de salaire de 10% ou repos compensateur à 110% soit 1h06
De la 40ème à la 43ème heure : majoration de salaire de 20% ou repos compensateur à 120%, soit 1h12
A partir de la 44ème heure : majoration de salaire de 50% ou repos compensateur à 150%, soit 1h30

La rémunération au service : cette rémunération est notée sur la carte, tout comme la TVA. C'est un pourcentage appliqué sur le prix du produit commandé. Si un serveur est payé à 15% de service, et qu'une table commande pour 20€, il touchera 20x15% soit 3€ de salaire. Cette façon de rémunérer disparaît peu à peu et est surtout présente dans les établissements de luxe.

La rémunération aux points : ici, le montant du service est globalisé, c'est à dire que les serveurs ont des points différents en fonction de leur ancienneté et de leur statut. Ils seront ainsi rémunéré à la fin du mois en fonction de leur nombre de points.

LA DURÉE DE TRAVAIL

DÉFINITIONS

Repos compensateur : temps de repos en échange d'un temps de travail

Congés hebdomadaires : 2 jours consécutifs ou non de repos par semaine.

Les congés payés : 2,5 jours de congés payés/mois travaillés. La convention collective HCR donne en plus 0,5 jour de congé payé/ mois travaillé. Le décompte des congés payés se détermine à partir du 1er juin de l'année en cours jusqu'au 31 mai de l'année suivante : pour une embauche le 1er septembre (septembre-octobre-novembre-décembre-janvier-février-mars-avril-mai sont travaillés) on aura 9 mois de travail, soit 2,5 x 9 = 22,5 jours de congés et 0,5 x 9 = 4,5 jours de congés conventionnels. Soit, un total de 27 jours de congés.

La prise de congés : la période légale de prise de congés est entre le 1er mai et le 31 octobre. Cependant, en hôtellerie-restauration, le salarié ne peut prendre que 24 jours de congés consécutifs (4 semaines), on peut fractionner la période avec un minimum de 12 jours ouvrables consécutifs. Le fractionnement donne droit à des jours supplémentaires. Les jours de congés sont calculés sur la base des jours ouvrables, du lundi au samedi inclus. Les mères de moins de 21 ans bénéficient de 2 jours supplémentaires par enfant.

Rémunération des congés payés : On applique, soit la règle du 1/10ème de la rémunération brute perçue pendant la période de référence, soit le maintien du salaire. Interdiction de travailler pendant les congés payés.

LA CONVENTION COLLECTIVE

La durée de travail – titre II de la Convention collective

- Article 3 : « En vertu des dispositions de l'article L 212-5 du code du travail, la durée hebdomadaire de travail est fixée à 39 heures (…). On peut retenir une durée inférieure ». La durée légale est toujours de 35 heures.
- Article 6 : La durée maximale journalière est de 11h pour les cuisiniers, 11h30 pour les serveurs et 12h pour le personnel et la réception. La durée maximale hebdomadaire sur une période de 12 semaines est de 46h et la durée maximale hebdomadaire absolue est de 48 heures. Le repos quotidien est de 11h consécutives, sauf dérogation pour les saisonniers : 10h
- Article 7 : le temps d'habillage et de déshabillage ne fait pas partie du temps de travail. Il fait l'objet d'une contrepartie en temps de repos ou financière. Le temps de travail est sous le contrôle du chef d'entreprise ou de l'inspection du travail.

Les jours fériés – titre III de la convention collective

- Article 11 : tous les salariés comptant 1 an d'ancienneté bénéficient en plus du 1er mai de 8 jours fériés par an.

Le travail de nuit – titre IV de la convention collective

Le code du travail définit le travail de nuit ainsi : « tout travail entre 22h et 7h est considéré comme travail de nuit ». La durée maximale est la même que pour le travail de jour, mais sur une période de 12 semaines, la durée maximale est de 44h au lieu de 46 pour les postes de jour. Pour les postes de nuit, le salarié bénéficie toutes les 6h de 20 min de pause assimilées à du temps de travail effectif. Pour les postes réguliers de nuit, il a droit à 2 jours de repos supplémentaires par an.

STATUT JURIDIQUE DES COMMERCANTS ET DES ENTREPRISES

EXTRAITS D'ARTICLES DU CODE DU COMMERCE

Article L110-1 (extrait) : « La loi réfute acte de commerce : tout achat de biens, meubles, pour les revendre, soit en nature, soit après les avoir travaillés et mis en œuvre (...) » Article L121-1 : sont commerçants ceux qui exercent des actes de commerce et en font leur profession habituelle Article L310-2 : les particuliers non inscrits au registre du commerce et des sociétés sont autorisés à participer aux ventes au déballage en vue de vendre exclusivement des objets personnels et usagés, deux fois par an au plus.

CONDITIONS JURIDIQUES D'EXERCICE D'UNE ACTIVITÉ COMMERCIALE

- Être majeur ou mineur émancipé sur autorisation juge des tutelles ou président Tribunal de Grande Instance
- Certaines professions sont incompatibles avec l'activité commerciale : fonctionnaires, VRP…
- Absence de condamnations
- Délivrance d'une carte de séjour temporaire autorisant l'exercice d'une activité professionnelle pour toutes les personnes de nationalité étrangère (sauf les ressortissants de l'UE, les étrangers titulaires d'une carte de résident bénéficiant d'une convention internationale (Algérie, Andorre, Monaco)
- Certaines activités sont réglementées : possession d'un diplôme et/ou d'une expérience professionnelle ou encore une autorisation administrative (licence boissons par ex).

OBLIGATIONS DU COMMERÇANT

Toute personne physique ou morale exerçant une activité commerciale doit demander son immatriculation au registre du commerce et des sociétés par l'intermédiaire du Centre de Formalités des Entreprises (CFE) de la Chambre de Commerce et d'Industrie (CCI). Le greffe du tribunal de commerce procède à l'immatriculation et délivre un « extrait K » pour les personnes physiques et un « extrait K Bis » pour les sociétés. Ce document représente la carte d'identité des entreprises et atteste de leur existence juridique. Sur cet extrait est mentionné le numéro RCS devant figurer sur tous les papiers commerciaux. Il se présente à titre d'exemple sous la forme RCS TOULOUSE 321 654 987.

Article L123-12 : toute personne physique ou morale ayant la qualité de commerçant doit procéder à l'enregistrement comptable des mouvements affectant le patrimoine de son entreprise et doit établir des comptes annuels à la clôture de l'exercice comptable. Ces comptes annuels comprennent le Bilan, le Compte de résultat et une annexe.

DÉFINITIONS

Commerçant : personne physique ou morale qui procède à des actes de commerce régulièrement et qui en tire l'essentiel de ce qu'il gagne. Il est inscrit au Registre du Commerce et des sociétés
Comptabilité : système d'organisation des données financières qui consiste à enregistrer dans des comptes tous les mouvements qui modifient le patrimoine de l'entreprise et toutes les dépenses et recettes de cette entreprise.
Personne physique : individu titulaire de droits et identifiable par son nom, domicile, nationalité…
Personne morale : entité juridique pouvant être un groupement de personnes physiques

STATUT JURIDIQUE DES COMMERCANTS ET DES ENTREPRISES

CINQ STRUCTURES D'ENTREPRISES À LA LOUPE
L'ENTREPRISE

	Entreprise individuelle	EURL	SARL	SAS	SA
Nombre d'associés	Aucun	Un associé unique	Deux associés minimum 100 maximum	Un ou plusieurs associés	2 au minimum 7 au minimum pour les sociétés cotées
Capital social	Sans objet (pas de notion de capital)	Montant libre 20% des fonds à verser à la création, le reste dans les cinq années suivantes	Montant libre 20% des fonds à verser à la création, le reste dans les cinq années suivantes	Librement fixé	37 000 euros minimum
Direction	L'entrepreneur	Le gérant (personne physique), qui peut être soit l'associé unique, soit un tiers	Le ou les gérants (personnes physiques), associés ou tiers désignés par les associés	Les associés. Seule obligation: nommer un président, personne physique ou morale, associé ou non	Le conseil d'administration, de 3 à 18 membres
Prises de décisions	L'entrepreneur	Le gérant. Ses pouvoirs sont limités s'il n'est pas l'associé unique	Le gérant pour la gestion courante. L'assemblée générale pour certaines décisions importantes	Le ou les associés	Le directeur assure la gestion quotidienne. L'assemblée générale approuve les comptes et les décisions
Responsabilité du dirigeant	Responsable des dettes sur ses biens personnels(sauf sa résidence principale) sauf si: - déclaration d'insaisissabilité devant notaire pour protéger ses bâtis fonciers -choix du régime de l'EIRL	Limitée aux apports, sauf responsabilité civile et pénale en cas de faute de gestion	Limitée aux apports, sauf responsabilité civile et pénale en cas de faute de gestion	Limitée aux apports pour les associés et les actionnaires	Limitée aux apports, sauf en cas de faute de gestion
Régime fiscal de l'entreprise	Impôt sur le revenu (IR). Sauf si choix du régime de l'EIRL qui permet sous certaines conditions d'opter pour l'impôt sur les sociétés	Impôt sur le revenu dans la catégorie des BIC (bénéfices industriels et commerciaux) ou des BNC (bénéfices non commerciaux). Option possible pour l'IS	Impôt sur les sociétés. Option pour l'IR, sous certaines conditions, pour les SARL de moins de cinq ans	Impôt sur les sociétés. Option pour l'IR pour les SAS de moins de cinq ans, sous certaines conditions	Impôt sur les sociétés. Option pour l'IR pour les SA de moins de cinq ans, sous certaines conditions
Rémunération du dirigeant	Pas déductible des bénéfices, sauf si choix de l'option pour l'IS dans le cas de l'EIRL	Pas déductible des bénéfices, sauf si choix de l'option pour l'IS ou si le gérant est un tiers	Déductible des bénéfices	Déductible des bénéfices	Déductible des bénéfices
Régime social du dirigeant	Régime des non-salariés	Si le gérant est l'associé unique: régime des travailleurs non-salariés. Si le gérant est un tiers: assimilé salarié	Régime des non salariés s'il est gérant majoritaire. Régime des salariés s'il est gérant minoritaire ou égalitaire	Le président est assimilé salarié	Le président et le directeur général sont assimilés salariés mais exclus du régime d'assurance chômage
NOTRE AVIS	Séduisante par sa simplicité mais attention à bien protéger ses biens personnels	Permet de créer en solo tout en bénéficiant des avantages de la forme sociétale	Statut passe-partout adapté à de nombreux projets. Impose une certaine rigueur de fonctionnement	Offre une grande souplesse. Forme juridique appréciée des investisseurs	Réservée aux entreprises à très fort potentiel qui visent la Bourse ou l'international

Tableau venant de l'entreprise l'express.

LE CONTRAT DE TRAVAIL

CDD

Contrat à Durée Déterminée. En principe, un CDD est d'au plus 18 mois, renouvellement compris. Il donne droit à une prime de précarité de 10% de la rémunération totale. Les CDD ne sont autorisés que pour les cas suivants : remplacement d'un salarié absent, maladie, maternité, accroissement temporaire de l'activité, emploi saisonnier, contrat de vendanges.

CDI

Contrat à Durée Indéterminée. Pour rompre un CDI, le salarié doit démissionner par lui même ou être licencié par l'employeur.

CDD SAISONNIER ET DU CDD EXTRA

Contrats pour aider les jeunes en recherche d'emploi, les jeunes sans diplôme, les personnes au chômage de très longue durée et les seniors.

PRÉCARITÉ

Etat n'offrant pas de garantie de durée. Le contrat précaire peut être remis en cause

LIEN DE SUBORDINATION

Relie deux personnes dont l'une est sous l'autorité de l'autre

NOTIFIER

Faire connaître quelque chose à quelqu'un par écrit

LA LOI

Le code du travail représente l'ensemble des textes de loi concernant le droit du travail

DROIT CONVENTIONNEL OU NÉGOCIÉ

Certains secteurs économiques (l'hôtellerie-restauration) ont la possibilité d'aménager le droit du travail, sous l'accord entre partenaires économiques et sociaux. Ce droit doit être égal ou plus avantageux que la loi et doit respecter le code du travail.

LE CONTRAT
DE TRAVAIL

CONTRAT DE TRAVAIL

Convention par laquelle une personne (salarié) s'engage à mettre son travail à la disposition d'une autre (employeur), à condition de percevoir une rémunération. Des obligations sont à respecter obligatoirement. Le lien de subordination est caractérisé par l'exécution d'un travail sous l'autorité d'un employeur qui a le pouvoir de donner des ordres, d'en contrôler et de sanctionner son subordonné. Les clauses de polyvalence : le salarié peut effectuer d'autres tâches. Les clauses de mobilité géographique : l'employeur a la possibilité de muter géographiquement le salarié sans avoir besoin de lui demander son accord sauf si la convention collective s'y oppose.

LA PÉRIODE D'ESSAI

Elle permet à l'employeur d'évaluer les compétences du salarié et au salarié d'apprécier les fonctions occupées. Elle est renouvelable une fois si le contrat et la convention collective le prévoit. Le contrat peut être rompu sans motifs et sans indemnités, sauf celles de congés payés si la période d'essai a duré moins de 10 jours. L'auteur de la rupture doit respecter un délai de prévenance de 48h en moyenne.

LA RUPTURE DU CONTRAT DE TRAVAIL

Une démission permet au salarié de rompe un CDI de sa propre initiative, sous condition de respecter un préavis plus ou moins long en fonction de l'ancienneté et du poste occupé. Un CDD peut être rompu à condition de justifier d'une embauche en CDI.

LICENCIEMENT POUR MOTIF PERSONNEL

Comportement, absences répétées ou longues, fautes, abus confiance, insuffisance professionnelle.

LICENCIEMENT ÉCONOMIQUE

Individuel ou collectif, il résulte d'une suppression ou d'une transformation d'un emploi suite à des difficultés « économiques ou à des mutations technologiques ».

LES DOCUMENTS REMIS EN FIN DE CONTRAT

Le certificat de travail, le reçu pour solde de tout compte et l'attestation pôle emploi.

PARTIE 3

PSE

L'INDIVIDU ET SA SANTÉ

RYTHMES BIOLOGIQUES ET SOMMEIL

Rythmes biologiques : phénomènes biologiques qui se répètent à intervalles réguliers, indépendamment de notre volonté et synchronisés par une horloge biologique interne dans le cerveau

Désynchronisation du rythme biologique : lorsque le métier est en décalage avec le corps. Cela peut avoir des répercussions sur la **santé** (stress, mauvaise mémoire...), **professionnelle** (retard, accidents...), sur la **vie sociale** (renfermement, addictions...)

Rôles du sommeil : il se divise en 4 à 5 cycles de 1h30 chacun

• Récupération physique
• Récupération nerveuse
• Evacuation du stress
• Lutte contre l'obésité
• Mémorisation
• Fabrication et sécrétion d'hormones
• Croissance et développement cérébral

Conséquences de l'insuffisance de sommeil et de la désynchronisation des rythmes :

• Fatigue physique
• Fatigue nerveuse
• Troubles du sommeil
• Troubles digestifs
• Stress
• Irritabilité, agressivité
• Augmentation risques cardio-vasculaires
• ...

L'INDIVIDU ET SA SANTÉ

Conséquences du manque de sommeil sur la vie professionnelle :
- Risques d'accident du travail
- Baisse de la productivité, baisse de concentration
- Baisse de la qualité de travail
- Mauvaises relations avec les collègues
- Absentéisme, retard

Quelles sont les mesures pour favoriser la récupération ?
Mesures personnelles :
- Faire du sport avant 21h
- Manger et se coucher à des heures régulières et raisonnables
- Dormir dans un lieu calme, sans lumière, entre 17 et 20°C
- Limiter les excitants comme le café, alcool, thé...
- Eviter les écrans : téléphone, ordinateur, télé, le soir

Mesures collectives :
- Surveillances médicales régulières pour les employés
- Eviter la double journée de travail et 3 nuits de suite

ACTIVITÉ PHYSIQUE

Bienfaits de l'activité physique (à degré raisonnable) :
- Diminution des risques cardio-vasculaires ou cardio-respiratoires
- Diminution de certains cancers
- Diminution du risque d'obésité
- Augmentation de la forme physique, de la force, de l'endurance
- Amélioration de la qualité du sommeil
- Augmentation de la confiance en soi et de la perception de soi
- Renforcement du lien social

Si l'activité physique est pratiquée de façon trop intensive, elle peut aussi avoir des effets négatifs sur le corps : élongations, déchirures... risques d'addictions, de dopage...

L'INDIVIDU ET SA SANTÉ

LES BESOINS ALIMENTAIRES

Ils varient selon : **l'âge, le sexe, l'état de santé et l'activité**

- **Les besoins énergétiques** sont surtout apportés par les **lipides** et les **glucides**.
- **Les besoins fonctionnels** sont surtout apportés par **l'eau, les minéraux, les vitamines et les fibres**
- **Les besoins constructeurs** sont surtout apportés par les **protides** : renouvellement des cellules par exemple

Constituants alimentaires ou nutriments : c'est ce qui désigne les lipides, minéraux, vitamines, fibres, protides, glucides

Une alimentation équilibrée est constituée de :
- 3 à 4 repas par jour (quantitatif)
- 7 groupes alimentaires présents dans chaque repas (qualitatif)

Les 7 groupes alimentaires :
- Légumes/fruits
- Féculents : céréales, pommes de terre et légumes secs
- Produits laitiers
- Viandes, poissons, oeufs
- Matières grasses
- Produits sucrés
- Boissons

Conséquences d'une alimentation déséquilibrée :

Sur la santé :
- Prise de poids
- Diabète (excès glucides)
- Stress (carence en magnésium)
- Anémie (carence en fer)
- Maladies cardiovasculaires
- Cholestérol (excès de lipides)

Sur l'activité professionnelle :
- Absentéisme, retard
- Baisse de productivité et de qualité de travail
- Baisse de concentration, somnolence
- Mauvaises relation avec les collègues

L'INDIVIDU ET SA SANTÉ

CONDUITES ADDICTIVES

Conduite addictive : dépendance à un produit ou une activité, même en connaissant les conséquences négatives.

Conséquences :
Sur la vie professionnelle :

- Retard, absentéisme
- Mauvaises relations avec les collèges, agressivité...
- Stress, fatigue
- Risques d'accidents de travail
- Risques de sanction ou de licenciement

Sur l'entreprise :
- Baisse de la productivité, de la qualité de travail et du CA
- Mauvaise image de l'entreprise
- Licenciements, remplacements, recrutements supplémentaires

Mesures préventives de l'entreprise :
- Documentation à disposition
- Campagnes d'information
- Coordonnées des structures d'accueil accessibles
- Dépistages

IST

Définition : infections dont les agents responsables sont transmis essentiellement par voie sexuelle, justifiant d'une prise en charge du ou des partenaires.

Les 3 voies de transmission : voie génitale ou sexuelle, voie foeto-maternelle, voie sanguine

Principales IST : Sida, hépatite B, herpès génital, papillomavirus, syphilis, chlamydiose...

S'il y a eu une prise de risque ou une contamination : se rendre chez le médecin, suivre le traitement prescrit, prévenir son ou ses partenaires, se protéger lors des futurs rapports sexuels

Les moyens de prévention : utiliser un préservatif, vaccination, dépistage, information du ou des partenaires

Structures d'aides et de soutien :

- CeGIDD : Centres gratuits d'information, de dépistage et de diagnostic
- Planning familial
- Sida info service
- ...

CONTRACEPTION

Définition : ensemble des moyens pour provoquer une infécondité

Les contraceptions préventives : pour éviter au quotidien une grossesse non désirée : implant, pilule, patch, stérilet, préservatif...

Les contraceptions d'urgence : à prendre en cas de risque, exceptionnellement : pilule du lendemain prise au plus tard dans les 72h ou pilule du surlendemain prise au plus tard dans les 120h

L'INDIVIDU DANS SES ACTES DE CONSOMMATION

LE BUDGET DE L'ÉPARGNE

Budget : prévision des recettes et des dépenses pour une période donnée

Épargne : budget excédentaire, argent non dépensée pour réaliser un projet (immobilier, vacances, placement...) ou faire face à des imprévus (hospitalisation, matériel)

Recettes :
• Revenu : salaire, prime, heures supplémentaires, placement, héritage
• Revenu social : aide de l'état : APL, RSA...

Dépenses :
• Charges fixes : stables : loyer, électricité, abonnements...
• Dépenses courantes : obligatoires, mais partiellement compressibles : alimentation, essence, loisirs, sorties...
• Dépenses d'équipement et renouvellement : vêtements, vacances, cadeaux...

Budget :
• Excédentaire : recette > dépenses : l'épargne est possible
• Equilibré : recettes = dépenses : impossible de faire face aux imprévus
• Déficitaire : recettes < dépenses : endettement

Critères de choix d'une épargne : rentabilité, taux d'intérêt, disponibilité des sommes placées... sur le livret jeune, livret A, l'assurance-vie, le plan épargne logement (exemples)

LE CRÉDIT ET LE SURENDETTEMENT

Crédit : acte par lequel une banque ou un organisme financier effectue une avance de fonds.
Présence d'un délai de remboursement et d'intérêts (TAEG)

Surendettement : quand une personne a des dettes qu'elle ne peut plus rembourser

L'INDIVIDU DANS SES ACTES DE CONSOMMATION

CIRCUITS DE DISTRIBUTION

Définition : chemin suivi par un bien de son producteur au consommateur.

Différents canaux :
- Canal direct : aucun intermédiaire producteur/consommateur
- Canal court : un intermédiaire (petits commerces et marchés)
- Canal long : 2 intermédiaires ou + (grande et moyenne surfaces)

Commerce équitable : en alternative au commerce mondial dominant, le commerce équitable permet aux producteurs de vivre décemment de leur travail. L'objectif est d'obtenir une plus grande équité dans le commerce mondial.

Mode de paiement : CB, chèque, espèces, virement, autorisation prélèvement

Signe CE : signe de conformité européenne (obligatoire)

Estampille NF : signe de qualité non obligatoire

Signes relatifs à la qualité des produits :

- Indication Géographique protégée : IGP
- Spécialité traditionnelle garantie : STG
- Appellation d'Origine protégée : AOP
- AB : certifié BIO = logo français
- Feuille : Bio = logo UE Contrats et assurances

CONTRAT DE CONSOMMATION

Contrat de consommation : accord entre consommateur et professionnel.
- Contrat de vente : bien contre un paiement
- Contrat de location : usage du bien pour un temps et un loyer déterminé
- Contrat de location avec option d'achat : achat possible en fin de contrat

Droits et obligations :
- De l'acheteur : payer le montant du bien ou service
- Du vendeur : conditions de vente et mise à disposition du bien ou service

Contrat d'assurance : l'assureur s'engage à verser des indemnités à un assuré en cas de sinistre selon sa prime d'assurance.

Il existe 2 types d'assurances obligatoires et une pour le véhicule :
- Responsabilité civile : remboursement dommages corporels/ matériels à autrui
- Assurance habitation: dommage causé par le locataire au propriétaire
- Assurance auto au tiers : dommage corporel ou matériel à autrui. Pour un véhicule couvert : assurance tous risques

L'INDIVIDU DANS SES ACTES DE CONSOMMATION

INFO/PROTECTION CONSOMMATEUR

Organismes publics et associations pour :
- Informer et défendre en cas de litige
- Interdire les produits dangereux
- Sanctionner les pubs mensongères

Exemples : Associations de consommateurs, DGCCRF (direction générale de la concurrence, de la consommation et de la répression des fraudes)

Organismes privés :
- Informer les consommateurs
- Assurer la défense individuelle ou collective

Exemples : Que choisir, Adéic...

SÉCURITÉ SANITAIRE

Le MUS (Mission des Urgences Sanitaires) coordonne les alertes sanitaires en France et dans l'UE, en recevant des informations sur les non-conformités des produits et des signalements sur les cas humains. Il définit alors des mesures immédiates face à ces dangers.

L'INDIVIDU DANS SON PARCOURS PROFESSIONNEL

LA FORMATION INITIALE

Formation initiale : elle s'adresse aux jeunes de 16 à 25 ans souhaitant acquérir des compétences de base pour exercer un premier métier. Elle s'effectue par voie scolaire (temps plein) ou voie d'apprentissage (temps partiel, contrat d'alternance).

Différents niveaux de qualification :
Sans diplôme (6), CAP ou BEP (5), Baccalauréat (4), BTS/DUT (3), Bac +3 et + 4 (2), Bac +5 et plus (docteur) (1)

CFA : Centre de formation des apprentis

LA FORMATION CONTINUE ET VAE

Formation continue : elle s'adresse à des personnes déjà engagées dans la vie active qui souhaitent développer de nouvelles compétences. La formation doit être faite en dehors des heures de travail, durant le temps libre même si parfois l'employeur effectue des aménagements d'horaires.

Les dispositifs possibles de la formation continue :

• Plan de formation de l'entreprise (1 ou plusieurs jours)
• CIF : Congé individuel à la Formation (+12 mois d'ancienneté)
• CPF : Compte Personnel de Formation (acquisition de droit à la formation mobilisable toute sa vie)

La VAL : Validation des Acquis de l'Expérience : permet de valoriser son expérience pour obtenir un diplôme et offre ainsi des possibilités d'évolution. Condition : avoir au moins un an d'expérience liée à la certification visée.

LA RECHERCHE D'UN EMPLOI

Structures : pôle emploi, mission locale, PAIO

Outils d'aide à la recherche d'emploi : réseau numérique internet spécialisé, presse spécialisée, site de recherche d'emploi... Préparer un CV, lettre de motivation et votre entretien pour chaque offre d'emploi.

L'INDIVIDU DANS SON ENVIRONNEMENT PROFESSIONNEL

LA LÉGISLATION DU TRAVAIL

Le droit du travail : ensemble des règles (droits et devoirs) régissant les relations entre employeur et travailleurs. Il comprend le code du travail, la convention collective et le règlement intérieur.

- Code du travail : textes de lois organisant les relations travail
- Convention collective : dispositions écrites par les représentants syndicaux, adaptées à une profession spécifique. Il existe une convention par branche d'activité.
- Règlement intérieur : obligatoire dans toutes les entreprises de 20 salariés et plus, afin d'expliquer aux employés les règles d'hygiène, de sécurité et de sanctions dans l'entreprise. Les représentants du personnel et l'inspecteur du travail donnent leur avis. Chaque règlement intérieur est enregistré au conseil des Prud'hommes.

CONTRAT DE TRAVAIL ET RÉMUNÉRATION

Contrat : acte privé qui lie juridiquement l'employeur et l'employé. Le salarié s'engage à effectuer un travail donné contre un salaire. L'employeur s'engage à respecter les conventions collectives, le règlement intérieur, les horaires et la rémunération.

Principaux contrats : CDI, CDD, Contrat temporaire ou intérim

Salaires : généralement mensuel, il peut contenir des primes, des indemnités, des remboursements de frais de déplacement... nécessitant un bulletin de salaire.

SMIC : Salaire Minimal Interprofessionnel de Croissance

REPRÉSENTANTS DU PERSONNEL

Représentants du personnel : membres élus représentant les salariés auprès de la direction de l'entreprise et assurant la défense d'intérêts collectifs/individuels.

- Délégué du personnel (DP) : 11 salariés ou + : élu tous les 4 ans, il présente aux employés les revendications salariales.
- Comité d'entreprise (CE) : 50 salariés ou + : élu tous les 4 ans, il gère les activités culturelles et sociales.
- Syndicats : regroupements libres pour défendre les intérêts des salariés dans les entreprises d'au moins 50 salariés (CGT, CFDT)

L'INDIVIDU DANS SON ENVIRONNEMENT PROFESSIONNEL

STRUCTURES DE DÉFENSE, DE PROTECTION ET DE CONTRÔLE DES SALARIÉS

Conseil des Prud'hommes : tribunal jugeant les litiges salariés-employeurs

Défenseur des droits : autorité administrative indépendante luttant contre les discriminations (égalité homme-femme, handicap...)

Structures de défense : Inspection travail, SST (Service Santé Travail)

CHSCT : Comité Hygiène Sécurité et Conditions Travail : pour 50 salariés et + : analyse les conditions de travail, aménagements postes, intervient lors d'un accident de travail, propose des actions de formation...

LA SURVEILLANCE MÉDICALE DU SALARIÉ

Certains examens médicaux sont obligatoires :

- Examen médical tous les 2 ans (ou tous les ans si métier alimentaire)
- Visite médicale d'embauche
- Examen de reprise : dans les 8 jours après une reprise, en cas d'arrêt d'au moins 30 jours ou d'une maladie professionnelle

Vaccination contre la poliomyélite, le tétanos, la diphtérie obligatoire pour toute la population. D'autres vaccinations sont recommandées selon l'activité professionnelle :

- BCG contre la tuberculose pour la pâtisserie, vaccin protégeant de la rubéole, des oreillons, de la rougeole...
- Vaccination contre l'hépatite B obligatoire pour les personnels travaillant dans les hôpitaux, les établissements de soins, les blanchisseries, les services sociaux et de gardes d'enfants.

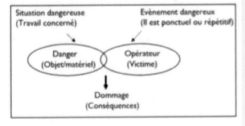

RISQUES PROFESSIONNELS ET CONSÉQUENCES : ACCIDENTS DU TRAVAIL ET MALADIES PROFESSIONNELLES

Maladie professionnelle : si elle est déclarée à la sécurité sociale et a des conséquences sur la poursuite de l'activité.
Indemnisation dépenses : 100%
Le salarié consulte un médecin qui lui remet un certificat médical, il doit **déclarer à la CPAM dans les 15 jours qui suivent la cessation de travail ou la connotation de la maladie.**

Accidents du travail : à l'occasion du travail, sur le lieu de travail, évènement soudain. Ils ont aussi lieu en se rendant ou en rentrant du travail. Le salarié consulte un médecin qui lui remet un certificat médical. Le salarié informe l'employeur dans les 24h et **l'employeur déclare à la CPAM dans les 48h.**

Différents niveaux de prévention existent :
- Prévention intrinsèque : suppression du risque-remplacement
- Protection collective et individuelle : éloigne la situation dangereuse, réduit le risque sans le supprimer totalement. Exemple pour un risque respiratoire : ventilation et masque de protection
- Formation et information de l'opérateur

L'INDIVIDU DANS SON ENVIRONNEMENT PROFESSIONNEL

TMS - troubles musculo-squelettiques : atteintes douloureuses des ligaments, tendons, nerfs, muscles... pour les éviter, on peut réorganiser le travail, diminuer les gestes répétitifs, réduire la manutention manuelle en utilisant des équipements d'aide à la manutention, former aux gestes...

Les risques professionnels spécifiques :
Les risques liés à l'activité physique :

- Dangers : charges lourdes, travail en hauteur, posture contraignante, flaque, zone de circulation encombrée...
- Situation dangereuse : porter, transporter, déplacer une charge lourde, se déplacer près d'un danger...
- Événements dangereux : efforts physiques excessifs, chutes de hauteur, glissages sur sols mouillés, accidents sur sols encombrés, mal éclairé...
- Dommages : fatigues musculaires et articulaires, traumatismes (plaies, coupure, blessure, écrasement...), problèmes de dos
- Mesures de prévention : mécanisation de la manutention, porter des équipements de protection individuelle (EPI) comme les gants, genouillères...

Les risques liés au bruit :
- Danger : le bruit
- Situation dangereuse : travailler dans un environnement bruyant
- Événements dangereux : niveau de bruit élevé, fréquence, son aigu, durée d'exposition importante...
- Dommages : fatigue auditive, anxiété, stress, fatigue, troubles du sommeil, hypersensibilité aux sons, sifflement, bourdonnement...
- Mesures de préventions : isolation acoustique des locaux, des machines, porter de casques, bouchons d'oreilles...

Les risques liés à la poussière :
- Dangers : bois, farine, charbon, ciment...
- Situations dangereuses : environnement où il y a beaucoup de poussières
- Événements dangereux : exposition à des poussières
- Dommages : sur la peau (allergies, eczémas, rougeurs, allergie), sur les yeux (conjonctivite), respiratoires (toux, asthme...)

Les risques liés à l'éclairage :
- Danger : éclairage insuffisant
- Situation dangereuse : travailler avec des contrastes d'éclairage, inadaptés
- Événements dangereux : durée d'exposition supérieure à 7h/jour, travail de minutie
- Dommages : fatigue visuelle, diminution du champ visuel, maux de tête, chute...
- Mesures de préventions : installer un éclairage suffisant, contrôler sa vue, aménager les pauses...

LES RISQUES PROFESSIONNELS ET SECOURISME

LES RISQUES PROFESSIONNELS

Situation à risque : efforts physiques excessifs et répétés, postures contraignantes, gestes répétitifs, déplacement à pied

Effets possibles : fatigue musculaire, courbatures (TMS), traumatismes, douleur colonne (cervicalgie, dorsalgie, lombalgie) : lumbago, sciatique, hernie discale, tassement discal.

Prévention : automatisation, aide mécanique : chariot, équipement de protection individuel, formation à des gestes plus adaptés...

SECOURISME

PrEFAS :

- Protéger : supprimer le danger, protéger, éloigner
- Examiner : saigne-t-il ? s'étouffe t-il ? répond-t-il ? respire t-il?
- Faire alerter : 18 pompier, 15 samu, 112 numéro d'urgence européen
- Secourir : pour ceux qui ont le brevet de secourisme SST ou suivi les conseils des professionnels par téléphone . Si la victime saigne abondamment, comprimer l'endroit et allonger la victime, faire un pansement compressif. Si la victime se plaint d'un malaise, mettre la victime en l'allongeant. Si la victime a une brûlure, refroidir la région et rincer abondamment. Si la victime ne répond pas, mais qu'elle respire, la mettre en PLS (position latérale de sécurité).

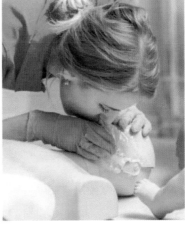

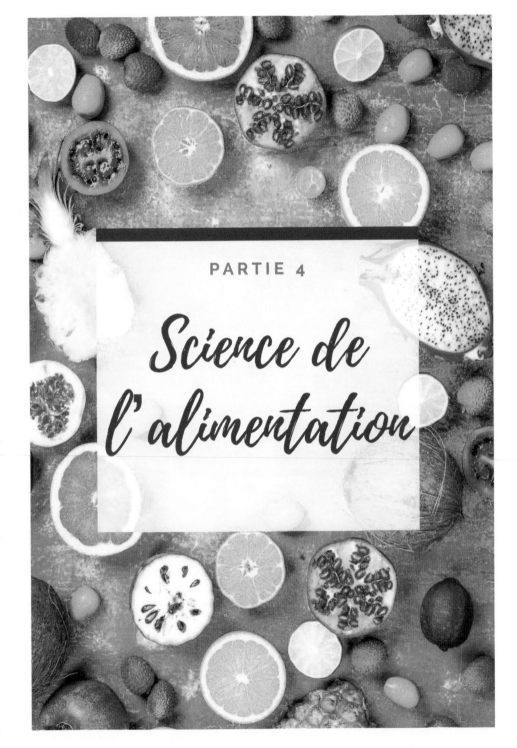

PARTIE 4

Science de
l'alimentation

 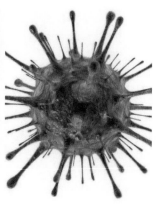 

HYGIÈNE ET PRÉVENTION

LES MICRO-ORGANISMES

Définition : êtres vivants microscopiques

Familles de micro-organismes :
- Les bactéries : être vivants microscopiques unicellulaires
  exemples : les bacilles, les salmonelles (œufs), la listeria (viande)
- Les virus : agents infectieux microscopiques qui se multiplient
  exemples : grippe, angine, hépatite...
- Champignons : être vivants microscopiques classés en deux catégories :
  - les levures : champignons utiles comme ceux présents dans la levure (saccharomyces cerevisiae)
  - les moisissures : par exemple présentes sur les fruits et légumes

On différencie donc :
- Les micro-organismes utiles (levure + bactéries lactiques utiles pour la fabrication des fromages + bactéries acétiques utiles pour la fabrication du vin et du vinaigre),
- Les micro-organismes d'altération (moisissures, couleur, aspect, goût...)
- Les micro-organismes pathogènes (mauvais pour la santé)

Les modes de contamination :
- Contamination initiale : avant la livraison
- Contamination directe : aliments en contact direct avec les micro-organismes
- Contamination croisée : aliments en contact avec un autre aliment contaminé ou un milieu souillé

On distingue également :
- La contamination aéroportée : par l'air
- La contamination manuportée : par la main
- La contamination tellurique : provenant de la terre
- Contamination fécale : venant de l'intestin humain ou animal

HYGIÈNE ET PRÉVENTION

Les sources de contamination : les 5 M

- Main d'œuvre : le personnel manipule les ingrédients
- Matériel : le matériel est souillé
- Méthodes : le personnel ne respecte pas les méthodes d'hygiène lors des techniques de fabrication
- Milieu : locaux souillés
- Matières : utilisation de matières premières à risque comme les oeufs

Les conditions favorables à la propagation et multiplication des micro-organismes :

- La température : +60°C : destruction et arrêt de la multiplication entre 10°C à 60°C : températures où le développement microbiens est favorisé entre 0°C et 10°C : multiplication ralentie à -18°C : arrêt total de la multiplication
- L'eau ou l'humidité : elle favorise la multiplication - présence d'éléments nutritifs
- L'air ou l'oxygène aérobie : micro organismes qui ne vivent qu'en présence d'air anaérobie : qui peuvent vivre sans air aéro-anaérobie : indifférent
- L'acidité : un pH acide inférieur à 4,5 va ralentir la prolifération microbienne
- Le sucre : ralenti la prolifération (exemple des fruits conservés dans un sirop concentré sucré)
- Le sel : ralenti la prolifération (exemple des aliments baignant dans une concentration saturée en sel)

Les principes de conservation des aliments :
Il faut utiliser le froid ou la chaleur pour conserver les aliments. En effet, la température ambiante est idéale pour la prolifération microbienne.

Conserver les aliments par la chaleur :

- Pasteurisation : entre 60°C et 90°C : destruction de certains micro-organismes puis refroidissement brutal
- Stérilisation : température supérieure à 100°C : destruction des micro-organismes
- Stérilisation à ultra haute température (UHT) : température supérieure) 135°C destruction des micro-organisme avec refroidissement brutal et conditionnement aseptisé

Conserver les aliments par le froid :

- Réfrigération : entre +4 et +8°C : ralentissement de la prolifération microbienne
- Congélation et surgélation : jusqu'à -18°C : stoppe la prolifération microbienne
- Refroidissement rapide : méthode qui consiste à refroidir rapidement des aliments chauds via une cellule de refroidissement (ils passent de 63°C à +10°C en moins d'une heure)

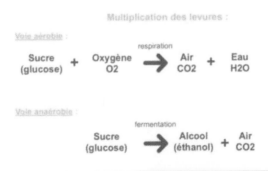

Multiplication des levures :

Voie aérobie :

$$\text{Sucre (glucose)} + \text{Oxygène } O_2 \xrightarrow{\text{respiration}} \text{Air } CO_2 + \text{Eau } H_2O$$

Voie anaérobie :

$$\text{Sucre (glucose)} \xrightarrow{\text{fermentation}} \text{Alcool (éthanol)} + \text{Air } CO_2$$

HYGIÈNE ET PRÉVENTION

TIAC : Toxi-Infection Alimentaire Collective
Intoxication due à la consommation d'un aliment contaminé par une bactérie. On parle de TIAC lorsqu'au moins 2 personnes ont les mêmes symptômes et que ces personnes ont consommé le même aliment. Les symptômes : diarrhées, douleurs abdominales, vomissement, fièvre... En cas de TIAC, la responsabilité civile délictuelle est engagée.

Porteur sain : individu portant des bactéries pathogènes, mais ne présentant aucun signe apparent de la maladie, mais pouvant quand même contaminer les autres. Les visites médicales sont obligatoires pour pouvoir détecter des porteurs sains (prélèvements de gorge, analyse des selles...)

Mesures préventives : éviter la contamination des aliments

* Hygiène du personnel, du milieu et du matériel
* Respect des méthodes de travail (ex : ordre de gauche à droite lorsqu'on utilise des œufs coquilles)
* Gestion des matières premières

L'hygiène du personnel

* Se laver les mains régulièrement et soigneusement
* Ne pas travailler en cas de maladies
* Ongles courts, sans vernis et propres
* Cheveux propres
* Ne pas goûter avec les doigts les préparations
* Tenue de travail propre et complète

Les lave-mains règlementaires :
* Robinet à commande manuelle
* Distributeur de savon antiseptique
* Brosse à ongles
* Distributeur à papier à usage unique
* Poubelle à commande non manuelle

La tenue professionnelle :
* Toque, calot, charlotte ou casquette : pour éviter la chute de cheveux
* Veste : absorber la transpiration et protéger les brûlures (tissu ignifugé)
* Pantalon : protéger des projections et des brûlures (tissu ignifugé)
* Tablier : pour garder sa tenue propre
* Chaussures de sécurité : couvertes et anti-dérapantes avec une coque renforcée devant pour éviter la chutes d'objets et les glissades

HYGIÈNE ET PRÉVENTION

Les produits de nettoyage : Les détergents vont rendre une surface propre et enlever les salissures nuisibles

Les produits de désinfection : Les désinfectants vont détruire momentanément les micro-organismes pathogènes invisibles à l'œil nu et rendre la surface temporairement saine.

Les méthodes de travail :

- Respect de la traçabilité des aliments
- Utilisation de la méthode de refroidissement rapide : passage de +63°C à +10°C en moins de 2 heures
- Contrôle de la chaîne de froid : maintien des produits à une température réglementaire constante
- Utilisation de la pasteurisation, stérilisation ou stérilisation UHT
- Méthode de la marche en avant : organiser les étapes de fabrication pour éviter la contamination pendant les manipulations (exemples : œufs coquille)

Les visites médicales obligatoires :

- Visite d'embauche : pour vérifier que le salarié est apte à pratiquer le poste demandé
- Pré-reprise du travail après un arrêt supérieur à 3 mois
- Visite de reprise après un congé maternité ou une absence d'au moins 30 jours pour maladie
- Visite de suivi au moins tous les 5 ans
- Visite de surveillance renforcée pour les salariés exposés à des risques particuliers (présence de femmes enceintes, travailleurs handicapés, travailleurs de nuit..)

Contrôles lors de la réception des marchandises :

- Examiner l'état des emballages et des marchandises
- Contrôler la conformité du bon de commande et de la facture
- Vérifier le conditionnement et le calibrage
- Noter le numéro de lot, l'origine, la provenance et l'agrément sanitaire : traçabilité des produits
- Vérifier les conditions de transport

HYGIÈNE ET PRÉVENTION

TEMPÉRATURE MAXIMALES RÉGLEMENTAIRES POUR LA CONSERVATION DES DENRÉES	
+15°C	Sucre, farine, huile, lait UHT, conserves
+8°C	Fruits et légumes frais, fromages
+4°C	Beurre, produits laitiers, oeufs, viandes, etc.
+3°C	Pâtisseries, plats préparés à l'avance, etc.
+2°C	Ovoproduits, lait cru, steaks hachés, etc.
+0°C à +2°C	Poissons, mollusques
-12°C	Produits congelés
-18°C	Produits surgelés, glaces

DLC et DDM (ancien DLUO)

- DLC : date limite de consommation : passée cette date les denrées ne doivent pas être consommées sinon, danger pour la santé.
- DDM : date de durabilité minimale : passée cette date la denrée peut être consommée sans danger, mais aura perdu des qualités organoleptiques

SCIENCES APPLIQUÉES AUX LOCAUX ET ÉQUIPEMENTS

L'ÉNERGIE ÉLECTRIQUE

GRANDEUR	UNITÉS EN TOUTES LETTRES	SYMBOLES DE L'UNITÉ DE MESURE	EXEMPLES
Tension	Volts	V	220 V
Intensité	Ampères	A	3 A
Puissance	Watts	W	800 W ou 1,5kW (1,5 kilowatts)
Fréquence	Hertz	Hz	50 Hz

Transformation de l'énergie électrique en énergie thermique : L'effet JOULE
L'effet Joule est la transformation de l'énergie électrique en énergie thermique grâce à une résistance. Nous trouvons comme appareil utilisant ce principe les plaques de cuisson, les grilles pain, les appareils électriques avec une résistance...

Transformation de l'énergie électrique en énergie mécanique :
Les appareils à moteur électrique vont transformer le courant (énergie électrique) en énergie mécanique (rotation, mise en mouvement...). Nous trouvons comme appareil utilisant ce principe le robot pâtissier, le batteur, la machine à laver...

Les dispositifs de sécurité :
Disjoncteur de puissance, prise de terre, système d'arrêt d'urgence... Pour éviter l'électrisation, l'électrocution, le court-circuit ou l'incendie, les coupures, écrasement, brûlures...

SCIENCES APPLIQUÉES AUX LOCAUX ET ÉQUIPEMENTS

LES COMBUSTIBLES

Principaux combustibles en pâtisserie : Méthane, propane, butane, gaz de pétrole liquéfié ou GPL

Combustion complète :
Il faut :
- Un combustible : le gaz
- Un comburant : oxygène ou dioxygène ou O2
- Un brûleur à gaz

Gaz + Oxygène => chaleur + vapeur d'eau + dioxyde de carbone CO2

Combustion incomplète :
Manque d'air ou de gaz : dégagement d'un gaz toxique, le monoxyde de carbone CO, entraînant des détresses respiratoires

COMBUSTION COMPLÈTE	COMBUSTION INCOMPLÈTE
Flamme bleue, régulière, silencieuse	Flamme jaune/orange, irrégulière, sifflante, fuligineuse
Pas de carbone ou dépôts noirs sur fond de la casserole	Noircissement du fond de la casserole

Fonctionnement d'un brûleur à gaz :
Un brûleur à gaz transforme l'énergie chimique (combustion d'un gaz) en énergie thermique (chaleur).
- Injecteur : Le gaz est injecté, de l'air est aspiré en même temps
- Mélangeur : L'air et le gaz sont mélangés dans le mélangeur
- Combustion : mélange enflammé par une étincelle, combustion produite dans le chapeau et utilise de l'air ambiant (air secondaire) en complément

Il est important d'avoir une ventilation adaptée dans les locaux pour éviter les intoxications, les détresses respiratoires et protéger le matériel contre des incendies et explosions.

L'EAU POTABLE

L'eau potable est une eau à destination de la consommation humaine, sans danger pour la santé.

SCIENCES APPLIQUÉES AUX LOCAUX ET ÉQUIPEMENTS

Eau dure : Eau riche en ions calcium et magnésium (calcaire)

Inconvénients d'une eau calcaire :
- Lavage difficile et traces
- Baisse de l'efficacité des détergents et donc augmentation de leur consommation
- Formation de tartre
- Canalisations et tuyauteries entartrées
- Surchauffement et surconsommation des appareils et donc consommation excessive d'énergie et d'électricité
- Développement microbien facilité

Adoucisseur d'eau : Modification de la dureté de l'eau

Fonctionnement :
- L'eau traverse une résine qui retient les ions calcium et magnésium
- L'eau ressort douce - quand la résine est saturée elle se régénère (se recharge en sel)

MODES DE PROPAGATION DE LA CHALEUR

Conduction : La chaleur se propage par contact

Convection : La chaleur se propage par mouvements de liquide ou d'air

Rayonnement : La chaleur se propage sans contact ou sans support, par des rayons

FONCTIONNEMENT DES PRINCIPAUX APPAREILS UTILISÉS EN PÂTISSERIE

Plaque électrique : Le courant électrique passe en provoquant une résistance et en échauffant la plaque, ce qui chauffe le récipient posé dessus. Chauffage lent et réglage difficile.

Plaque à induction : Un inducteur (bobine) qui est sous la plaque vitrocéramique va créer un champs magnétique qui induit des courants électriques dans le métal du récipient. Il va y avoir ensuite un effet Joule qui provoque l'échauffement de la casserole. Chauffage rapide et réglage précis.

Four classique : Des résistances situées en haut et en bas chauffent le four. La chaleur circule à l'intérieur de l'enceinte verticalement et les parois s'échauffent pour rayonner pendant la cuisson. Les fours à chaleur tournante possèdent un ventilateur sur la paroi du fond qui fait circuler l'air dans le four.

SCIENCES APPLIQUÉES AUX LOCAUX ET ÉQUIPEMENTS

PRODUCTION DU FROID

Fluide frigorigène : liquide absorbant la chaleur en passant de l'état liquide à l'état gazeux, générant du froid dans l'enceinte réfrigérée.

Les changements d'états du fluide frigorigène :
• Evaporation : passage de l'état liquide à gazeux
• Condensation : passage de l'état gazeux à liquide

Circuit du fluide frigorigène

• L'évaporateur : répartir le froid dans l'enceinte. Le fluide frigorigène se réchauffe au fur et à mesure qu'il avance en absorbant la chaleur des aliments
• Compresseur : c'est le moteur qui régule le débit du fluide. Le fluide est comprimé et devient chaud.
• Condenseur : il évacue la chaleur de l'enceinte. Le fluide frigorigène libère à l'extérieur du réfrigérateur la chaleur emmagasinée et se refroidit.
• Détendeur : il produit le refroidissement du liquide frigorigène. La baisse rapide de pression diminue sa température.

Différents appareils du froid

• Surgélateur : surgeler, abaisser des aliments rapidement jusqu'à -18°C
• Congélateur : maintenir des produits congelés et surgelés de -18°C à -30°C Chambre froide négative : maintenir les aliments à température froide négative (environ -18°C)
• Réfrigérateur, chambre froide positive, armoire réfrigérée : maintenir les aliments à température froide positive (entre 2°C et 8°C)
• Cellule de refroidissement rapide : descendre rapidement la température de +70°C à +3°C en moins de 2 heures ou de surgeler rapidement des produits à -18°C à cœur

Comment économiser l'énergie

• Ne pas laisser trop longtemps les portes ouvertes
• Ne pas mettre de préparations chaude (sinon formation de givre)
• Dégivrer souvent
• Contrôler la température des matériels de conservation

SCIENCE DE L'ALIMENT

Les constituants alimentaires
Nutriments :
- Protides
- Glucides : on différencie les glucides rapides (ou glucides sucrés : sucres simples qu'on trouve dans le glucose, saccharose, fructose dans les fruits ou le lactose du lait) et lents (ou glucides complexes : assimilation lente qu'on trouve dans les céréales, pâtes, riz...)
- Lipides
- Minéraux
- Eau
- Vitamines
- Fibres

Groupes alimentaires
Il en existe 7 :
- Sucres et produits sucrés
- Matières grasses
- Viandes, poissons, œufs
- Lait et produits laitiers
- Fruits et légumes
- Céréales et dérivés
- Boissons

Les rôles dans l'organisme :
- Les **protides** ont un rôle de croissance et de renouvellement des cellules (viandes, poissons, œufs)
- Les **glucides** ont un rôle énergétique nécessaire pour la contraction musculaire et le fonctionnement des organes (pains, céréales, produits sucrés, féculents)
- Les **lipides** ont un rôle énergétique et de chaleur (maintien de la température corporelle) (matières grasses)
- Les **vitamines** ont un rôle de fonctionnement de l'organisme et leur manque provoque des carences, maladies
- Les éléments **minéraux** ont un rôle de construction et fonctionnement de l'organisme (le calcium pour la construction des os (lait), le fer apporte l'hydratation (viande))
- Les **fibres** ont un rôle pour le transit intestinal (fruits et légumes)

Valeur énergétique d'un aliment : on calcul l'apport énergétique d'un aliment en kilojoules (kJ)
Total = (nombre de g de protides x 17kJ) + (nombre de g de glucides x 17kJ) + (nombre de g de lipides x 38kJ)

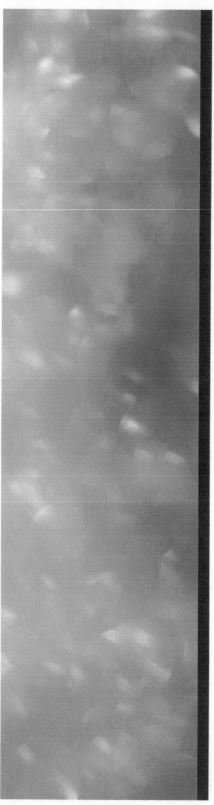

SCIENCE DE L' ALIMENT

EFFETS DE LA TEMPÉRATURE, DE L'AIR ET DE LA LUMIÈRE

A température ambiante, les aliments vont s'altérer :
- Décomposition des aliments
- Formation de produits toxiques
- Putréfaction
- Solidification
- Déshydratation ou dessèchement
- Ramollissement

Effets de l'air et de la lumière :
Les aliments vont également s'altérer : c'est ce qu'on appelle l'oxydation. Il va y avoir une perte de vitamines et cet effet est accentué par la présence de lumière.

PARTIE 5

Technologie de la pâtisserie

LE MONDE DE LA PATISSERIE

NÉOLITHIQUE

Avènement de l'agriculture et de l'élevage

- Découverte de la farine
- Fabrication des premières galettes de pain et premières productions à base ed miel

MOYEN ÂGE

La pâtisserie, surtout salée, devient de plus en plus sucrée au cours des siècles

- 5ème siècle : pâtisserie surtout salée : premiers flans salés
- 7ème siècle : premiers oeufs
- 10ème siècle : apparition du sucre de canne et du beurre grâce aux croisées
- 13ème siècle : l'oblayer est l'ancêtre du pâtissier : il fabrique les oblées (offrandes religieuses)
  Production des premières gaufres et crêpes
- 14ème siècle : premiers gâteaux feuilletés et pain d'épices. La profession de pâtissier se règlemente
- 15ème siècle : la pâtisserie française se raffine et devient artistique
- 16ème siècle : pâte à choux et frangipane par Popelini
- 17ème siècle : crème chantilly par Vatel
- 19ème siècle : sucre de betterave découvert par Benjamin Delessert

Des grands noms apparaissent :

- Carême : père de la pâtisserie moderne, créateur des croquembouches et des ouvrages tels que «Le pâtissier royal parisien » et «Le pâtissier pittoresque »
- Chiboust : crée le Saint Honoré garni à la crème chiboust
- Jules Gouffé écrit le «Livre de la pâtisserie »

LE MONDE DE LA PATISSERIE

PÂTISSERIE MODERNE (DES LE XXÈME SIÈCLE)

Pâtisseries de plus en plus raffinées et modernes, notamment grâce aux nombreuses découvertes mécaniques, de conservation, de cuisson, de produits de qualité et de produits semi-finis

1990 : produits finis congelés

Meilleurs Ouvriers de France (MOF) concours en 1933

- Gaston Lenôtre ouvre l'Ecole Lenôtre en 1971 après avoir remit au goût du jour les macarons et entremets à base de crème et de mousses.
- Alain Ducasse se forment à Lenôtre
- Pierre Hermé se forme à Lenôtre et ouvre les ateliers de Pierre Hermé à l'école Ferrandi
- Daniel Chaboissier : ses croquembouches originaux et audacieux marquent la fin du 20ème siècle
- Conticini modernise la pâtisserie avec ses desserts «à la verticale » dans des verres : apparition des verrines -
- Michalak : coupe du monde de la pâtisserie en équipe en 2005

POSTES DE TRAVAIL

- Tourier : fabrication des pâtes
- Fournier : cuissons
- Entremétier : montage et finition
- Petits gâteaux : petits fours
- Glacier
- Chocolatier
- Boulanger

HIÉRARCHIE

- Gérant
- Chef
- Sous chef
- Pâtissier
- Commis
- Apprentis

SECTEUR DE LA PÂTISSERIE

- Artisanat
- Hôtellerie/restauration
- Grande et moyenne distribution
- Industrie agro alimentaire (surgelés)

ATTENTES DES CONSOMMATEURS

De nos jours, les consommateurs recherchent toujours moins de sucre, mais des produits excellents aussi bien au niveau du goût que pour la santé. Les pâtisseries sans gluten, vegan, adaptées au diabétiques se font de plus ne plus et les pâtissiers donnent tout leur possible pour trouver des associations de saveurs qui sortent de l'ordinaire, avec des produits frais et de qualité.

ANALYSE SENSORIELLE

Elle consiste à analyser les propriétés organoleptiques des produits par les organes des sens, à savoir la vue, l'ouïe, le goût, l'odorat et le toucher. Cette analyse ne peut être universelle, car chaque consommateur réagit différemment selon son goût, sa culture, ses souvenirs...

LE VISUEL

- Aspect : appétissant, irrégulier, soigné, arrondi...
- Couleur : froid, chaud, foncé, clair... une couleur décalée peut déformer la perception olfactive
- Forme : allongée, sphérique...

L'OLFACTIF

Odeur : on perçoit les arômes par le nez (voie nasale) et la bouche (voie rétro nasale)
- acidulé, poivré, chocolaté, fumé, épicé, vanillé...

LE TACTILE

- Texture : hors bouche, avec des couverts ou les doigts ou à l'intérieur de la bouche lors de la mastication : aérée, lisse, ferme, coulante...
- Température : perception par le toucher : glacée, brûlante, froide, tempérée...

L'AUDITIF

Audition : en même temps que la phase tactile : son entendu en coupant ou en mâchant : cassant, pétillant, crépitant, croustillant...

LE GUSTATIF

- Saveurs principales : acide, amère, salée, sucrée
- Saveurs secondaires : âcre, mentholée, piquante, végétale...

Les pâtisseries doivent être à la fois belles et bonnes afin d'être commercialisées.
La qualité du produit est tout aussi importante que son visuel.

LE SENS ARTISTIQUE

Le pâtissier doit mettre en avant son sens artistique pour vendre ses produits. Pour développer son inspiration, il peut s'inspirer des médias qui l'entourent (internet, réseaux sociaux), mais aussi des arts (peinture, sculpture, architecture...) et des progrès techniques (matériaux, ingrédients...). Cela peut être intéressant de d'abord travailler sur croquis.

Les principales caractéristiques des pâtisseries actuelles :
- Sobres et élégantes
- Volumes variés
- Textures variées
- Supports divers
- Jeux de couleurs
- Respect des températures

TECHNOLOGIE CULINAIRE
CHOCOLAT ET CACAO

ORIGINE

Le cacao était traditionnellement utilisé et cultivé par les populations mésoaméricaines.

- Autrefois considéré comme l'arbre des dieux, le cacaoyer des forêts tropicales d'Amérique centrale était cultivé par les Mayas et les Aztèques. Ils broyaient et faisaient griller les fèves de cacao sur des pierres brûlantes, et mélangeaient le tout à de l'eau, en y ajoutant vanille, poivre, cannelle, piment ou encore farine de maïs. Ce brevage déjà appelé "chocolat" était en réalité de l'eau amère, très nourrissante et fortifiante.
- C'est Hernan Cortés, roi d'Espagne qui découvre le cacao auprès de l'empereur aztèque Moctezuma en 1519. Il le ramène à la cour d'Espagne en 1528. Il en raffole et décide de le cultiver de façon intensive sur les terres de la Nouvelle Espagne (après la guerre contre les tribus indigènes et la fin de la civilisation aztèque). Un véritable commerce commence en Europe
- Louis XIV fait entrer le chocolat à la cour de Versailles au 17ème siècle : le chocolat se vulgarise ensuite
- La fabrication industrielle du chocolat date seulement du début du 19ème siècle.

CULTURE DU CACAOYER

Le cacaoyer se culture surtout en Afrique, Amérique latine et Asie du sud est : ces régions ont un climat chaud et humide indispensable pour que le cacaoyer grandisse (15 mètres).
Le fruit du cacaoyer est appelé « cabosse » (5 à 7 mois de maturité), à l'intérieur duquel se trouve les fèves (environ 40), entourées d'une pulpe sucrée blanche appelée Mucilage

Les différentes étapes :

- La récolte : ouverture des cabosses
- L'écabossage : les fèves sont mises dans des bacs en bois recouverts de feuilles de bananier.
- La fermentation : les fèves fermentent durant 5 à 7 jours. Les arômes se développent grâce au Mucilage
- Le séchage : au soleil ou en étuve : il permet de faire passer le taux d'humidité des fèves de 60 à 8%afin qu'elles se conservent et gardent leur couleur brune : elles forment alors ce qu'on appelle les fèves de cacao
- Le stockage : une fois triées, pesées et classées, les fèves sont mises dans des sacs de toile de jute et stockées pour être envoyées dans les usines de traitement du cacao.
- Les fèves ont à l'origine un taux d'humidité de 60%. Le séchage permet d'obtenir un taux d'humidité de seulement 8% pour que les fèves se conservent et gardent leur couleur brune.

TECHNOLOGIE CULINAIRE
CHOCOLAT ET CACAO

Transformation des fèves de cacao dans les usines
- Pâte de cacao : torréfaction des fèves (50 à 60% de MG)
- Beurre de cacao
- Poudre de cacao
- Chocolat
- Pâte à glacer

PRODUCTION DU CHOCOLAT

- **Nettoyage** : Les fèves sont débarrassées de leurs éventuels corps étrangers (poussière, morceaux de cabosse,...) à l'aide de tamis
- **Pré-séchage** : Les fèves de cacao nettoyées sont versées sur un tapis vibrant chauffé : le taux d'humidité des fèves passe de 6 - 8% à 4 - 6%
- **Concassage** : le concasseur (moulin) tourne à grande vitesse et va ainsi éclater et éliminer l'enveloppe des fèves (coque). On obtient des éclats de cacao appelés « Nibs de cacao »
- **Torréfaction** : elle permet d'abaisser le taux d'humidité à 1,5 – 2%, faire évaporer les acides volatils et développer l'arôme du chocolat
- **Malaxage** : d'autres ingrédients sont mélangés à cette « liqueur de cacao » : - chocolat noir (ou foncé) = liqueur de cacao + sucre + beurre de cacao (contient entre 30 à 99% de cacao) - chocolat au lait (ou lacté) = liqueur de cacao + sucre + beurre de cacao + lait en poudre - chocolat blanc (ou ivoire) = beurre de cacao + sucre + lait On différencie les saveurs des chocolats selon leur teneur en cacao (supérieure, mi-amer, amer, extra-amer)
- **Broyage et affinage** : les grains de cacao sont broyés dans plusieurs moulins successifs. On obtient une pâte très fine et fluide appelée « liqueur de cacao » ou « masse de cacao ». La pression et la température permettent de rendre cette pâte liquide (grâce à la présence de beurre de cacao)
- **Conchage** : de gros mélangeurs appelés « conches » vont malaxer pendant de nombreuses heures le chocolat afin de lui donner toute sa finesse et son onctuosité
- **Tempérage** : le chocolat doit être tempéré pour passer de l'état liquide à l'état solide. On lui fait subir un cycle de température très précis pour favoriser la cristallisation fine et stable du beurre de cacao. Un chocolat bien tempéré est un chocolat brillant, lisse et qui ne fond pas après démoulage.
  La courbe de température est différente selon le chocolat :

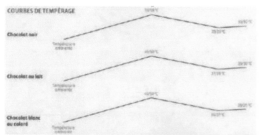

- **Moulage** : une mouleuse va déposer le chocolat dans des moules.
- **Refroidissement** : il se rétracte en refroidissant et sera ainsi facilement démoulable
- **Emballage** : conditionnement et stockage à température située entre 12 et 18°C dans un local sec, aéré, à l'abri de l'air et de la lumière.

TECHNOLOGIE CULINAIRE CHOCOLAT ET CACAO

DIFFÉRENTES FAÇON DE TEMPÉRER LE CHOCOLAT

Tablage : rapide, mais délicat, utilisé par les professionnels et sur un marbre
- Etaler ¾ du chocolat fondu sur un marbre non réfrigéré
- Brasser le chocolat afin d'obtenir un refroidissement homogène
- Incorporer le chocolat refroidi à la température recherchée dans le ¼ de chocolat chaud laissé dans le récipient.
- Remettre au bain-marie pour remonter à la bonne température.

Ensemencement avec chocolat haché

Incorporation de chocolat haché finement dans le chocolat fondu pour le refroidir et apporter les cristaux de matière grasse recherchés. Il est important de ne pas en incorporer trop d'un coup, au risque de rester avec des morceaux de chocolat non fondus.
La proportion habituellement suivie : **2/3 de chocolat fondu à température recommandée + 1/3 de chocolat haché très fin.**

Ensemencement avec beurre de cacao Mycryo

Le beurre de cacao Mycryo est un beurre de cacao réduit en poudre concentrée en cristaux de matière grasse, mycryo : **1% du poids du chocolat fondu.**

TECHNOLOGIE CULINAIRE
LE SEL

Sel = chlorure de sodium (NaCl)

ORIGINE

Ce minéral se trouve dans les sources d'eau salées :
- **La mer** : sel marin récolté dans les marais salants ou salins. Le sel contenu dans l'eau de mer est recueilli par évaporation sous l'action du soleil et du vent.
- **Les mines de sel** : sel gemme extrait des mines souterraines, en bloc
- **Les sources d'eau salées** : sel igné ou ignigène ou raffiné : eau douce injectée dans un gisement souterrain puis évaporation sous vide

RÔLE DU SEL EN PÂTISSERIE

- Agent exhausteur de goût : donne du goût, renforce le goût naturel du caramel par exemple
- Agent de coloration : le sel favorise la coloration de la croûte des pâtes au cours de la cuisson, donne une couleur intense et uniforme à la dorure
- Agent de texture : le sel fluidifie les jaunes ou augmente le foisonnement des blancs d'œufs, il donne également plus de corps aux pâtes en augmentant l'élasticité du gluten.
- Agent régulateur de fermentation : il régularise la vitesse de fermentation des levures biologiques dans les fabrications de pâtes levées et pâtes levées feuilletées
- Agent de refroidissement : le sel, incorporé dans un liquide, abaisse le point de congélation de l'eau (saumure)
- Agent de conservation : action bactériostatique (à partir de 10%) qui freine le développement des bactéries en diminuant la quantité d'eau disponible pour leur multiplication.

SES CARACTÉRISTIQUES

- Poudre blanche ou petits cristaux cubiques incolores, durs et solides à l'état pur. Il est soluble, c'est à dire se dissout facilement dans l'eau
- Hygroscopique : il retarde la dessiccation de la mie en préservant son aspect moelleux, et fixe l'eau dans les différents produits lorsqu'il fait sec
- Attire l'humidité et accélère le ramollissement de la croûte par temps humide
- Il augmente l'élasticité du gluten, et améliore donc l'élasticité des pâtes en leur donnant plus de corps et de ténacité

STOCKAGE DU SEL

Conditionné dans un emballage étanche, dans un lieu sec et ventilé, sans contact avec des surfaces humides : à cause de sa propriété hygroscopique.
Selon les formes de conditionnement du sel, on trouve :

- Les **petits conditionnements** : sels de table et de cuisine, carton, boîte, sachet de 10g à 1000g
- Les **conditionnements en sac**, souvent de 5 à 50kg destinés aux usages domestiques, industriels et agricoles et pour les professionnels de l'alimentation.
- Les **conditionnements en containers**, souples ou rigides de une à plusieurs tonnes, essentiellement utilisés par les industriels

FORME DE COMMERCIALISATION

Selon sa teneur en impuretés :
- Le sel raffiné épuré contient moins de 0,5% d'impuretés
- Le sel raffiné contient moins de 1% d'impuretés
- Le sel marin contient moins de 1,5% d'impuretés
- Le sel gris contient moins de 7% d'impuretés

Selon sa granulométrie :
- Le sel cristallisé, gros cristaux de forme pyramidale
- Le sel concassé, gros grains de sel irrégulier
- Le sel grené, gros grains grains de grosseur identique
- Le sel fin, poudre fine très employée en pâtisserie
- La fleur de sel, fins petits cristaux blancs et purs

TECHNOLOGIE CULINAIRE
L' EAU

L'eau est un corps liquide, inodore et incolore composé d'hydrogène et d'oxygène (H_2O). Elle est renouvelée grâce au cycle permanent et naturel de l'eau : évaporation sous le soleil, précipitations, écoulements

DIFFÉRENTS ÉTATS

- Etat liquide = supérieur à 0°, mais inférieur à 100°C
- Etat solide = inférieur ou égal à 0°C
- Etat gazeux = 100°C

CARACTERISTIQUES D'UNE EAU POTABLE :

- Insipide, incolore, inodore et limpide (turbidité de l'eau)
- Aucun germe parasite ou pathogène, aucune substances toxiques ou chimiques
- Respecte les normes de qualité imposée par la loi
- Matières minérales présentes ne dépassent pas 2mg/L
- Les matières organiques ne doivent pas être présentes en excès ou à trop faible dose (nitrate, fluor)

LA DURETÉ DE L'EAU

Elle est principalement due à la quantité de calcaire qu'elle contient (calcium et magnésium)
Plus elle en possède, plus l'eau est dure. Les eaux calcaires se reconnaissent facilement :
- Elles se troublent à l'ébullition et laissent toujours un dépôt blanchâtre dans le fond du récipient chauffé
- Elles rendent le lavage difficile
- Elles font durcir les légumes lors de la cuisson
- Elles diminuent la ténacité des pâtes
- Elles empêchent de faire mousser le savon
- Elles entartrent les tuyauteries et les matériels de fabrication

RÔLES DE L'EAU EN PÂTISSERIE

- Agent d'hydratation : hydrate la farine pour les pâtes, donne du corps aux pâtes levées et réhydrate certains produits secs
- Agent de refroidissement, pour les crèmes et les glaces
- Agent de cuisson, pour les œufs en neige ou pour la technique du bain-marie
- Agent de développement : la levure, la pâte à choux et la pâte levée feuilletée se développent au four grâce à sa transformation en vapeur. Le gonflement des granules d'amidon et l'assouplissement du gluten contenu dans la farine va permettre de donner l'élasticité et la ténacité de la pâte
- Agent de dissolution, elle dilue le sel, le sucre et la levure biologique dans les pâtes
- L'eau rassemble, lie et agglutine les particules de farine entre elles pour pouvoir obtenir une masse compacte qui sera homogène lors du pétrissage.

TECHNOLOGIE CULINAIRE
L' EAU

ÉTAPES DE PRODUCTION DE L'EAU POTABLE

- **Prélèvement ou captage** : l'eau est prélevée ou pompée
- **Dégrillage** : des grilles retiennent les gros déchets
- **Tamisage** : filtre les petits déchets, les particules organiques, minérales et plancton
- **Clarification** : on injecte des produits coagulants dans l'eau. Les impuretés se regroupent en flocons qui tombent au fond du bassin. L'eau devient plus claire
- **Coagulation** : neutralise les particules colloïdales (couleur et turbidité)
- **Floculation** : agglomération des particules colloïdales
- **Décantation** : les flocons se déposent au fond du bassin
- **Filtration** : retient les gros déchets et les impuretés contenue en suspension.
- **Traitements chimiques et biologiques** : diminution de la concentration calcaire, élimination de métaux, germes, pesticides, virus et bactéries...

TECHNOLOGIE CULINAIRE
LES ADDITIFS ALIMENTAIRES

LES ADDITIFS ALIMENTAIRES

Substances naturelles ou artificielles (chimiques) ajoutées à un aliment de façon à améliorer ses qualités organoleptiques, sanitaires, nutritionnelles et/ou technologiques.

Les additifs alimentaires les plus courants sont :

- Les **colorants alimentaires** (naturels, synthétiques ou artificiels) : employés pour rappeler/intensifier la couleur d'un produit. Ils sont classés de E100 à E199
- Les **acidifiants** (acide citrique, acide tartrique, crème de tartre) : correcteurs d'acidité qui sont aussi utilisés pour éviter la décoration des fruits ou le brunissement des produits en conserve. Ils sont classé de E200 à E400.
- Les **émulsifiants** (lécithine de soja) : utilisés pour faciliter et stabiliser les mélanges liquides/matières grasses et assurer une meilleure conservation des produits
- Les **stabilisants** (gomme de xanthane) : aident au maintien de la consistance ou de la texture de certaines fabrications (exemple : nappages)
- Les **gélifiants** (pectine) : transforment des liquides en gels afin de donner du volume, de la tenue, de l'onctuosité aux préparations
- Les **épaississants** (gomme adragante) : augmentent la consistance et la viscosité de certaines préparations liquides (sauces, glaces...) Ces 4 catégories sont classées de E322 à E495
- Les **agents levants** (poudre à lever) : ils accroissent le volume des pâtes. Classés de E500 à E585

Une réglementation stricte concerne leur utilisation en France et une dose journalière admissible (D.J.A) est établie.

LA GÉLATINE

Gélifiant d'origine animale, extrait des couennes et os de porcins et des peaux et os de bovins.
On la trouve sous forme de :
- Poudre
- Feuille

Le "bloom" indique la force de la gélatine : plus il est élevé plus le gel sera ferme (entre 50 et 300). La pâtisserie utilise en général des gélatines de 160 blooms.
Les feuilles de gélatine sont vendues sous 3 appellations : OR – ARGENT – BRONZE

Rôles : gélifiant, foisonnement, épaississant, stabilisant, texturant, moussant, émulsifiant, conservation

Utilisation :
Feuilles : les tremper dans de l'eau froide (5 fois plus que le poids) en prenant soin de bien les séparer. Une fois ramollies, les dissoudre dans un liquide chaud à 40°C minimum
Poudre : la verser en pluie fine dans une partie de la préparation froide puis après incorporation, verser le tout dans le reste de préparation et faire chauffer en ne dépassant pas 70°C
Précaution : ne jamais faire bouillir une préparation contenant de la gélatine, sinon elle perd ses propriétés gélifiantes.

Conservation : emballage refermé, hermétique, à l'abri de la chaleur et de l'humidité. Respecter la DLUO : si elle est dépassée ou la conservation a été mal réalisée, la gélatine va coller et se dissoudre dans l'emballage. Elle n'aura plus d'action gélifiante.

TECHNOLOGIE CULINAIRE
LES ARÔMES

L'arôme est une sensation perçue par l'olfaction (voie nasale) ou par l'odorat (voie rétro-olfactive) lorsqu'on mange. L'arôme est en général une substance que l'on ajoute à une préparation alimentaire afin de lui donner son goût et son odeur (parfois même sa couleur).

Les arômes peuvent être hydrosolubles (solubles dans l'eau), liposolubles (solubles dans les graisses) et en poudre.

DIFFÉRENTS ARÔMES

L'arôme naturel : substance biologique obtenue à partir de matières premières végétales ou animales
- Les aromates : substances d'origine végétale utilisées telles quelles ou après traitement : basilic, cannelle, eucalyptus...
- Les denrées aromatiques : substances aromatiques naturelles consommables en l'état : miel, fruits...
- Les arômes alimentaires : substances aromatiques non consommables en l'état : huiles essentielles, extraits, concentrées...

L'arôme artificiel : substance aromatisante artificielle obtenue à partir de molécules non présentes dans la nature (chimiques)

RÔLE DES ARÔMES EN PÂTISSERIE

Amélioration des qualités organoleptiques d'un produit : ajouter, renforcer, compenser, corriger ou masquer un goût. Cependant, il est important d'utiliser les arômes avec parcimonie, car à trop forte dose, ils peuvent être toxiques voire mortels (fève de tonka par exemple).

CONSERVATION

Au frais, à l'abris de la lumière, dans des contenants fermés afin de ne pas perdre en arôme. Il est important également de respecter les DLUO.

TECHNOLOGIE CULINAIRE
LES FRUITS

Le fruit, provenant d'une fleur, est très riche en eau (90% de son poids total en moyenne), en sucre (fructose) et en vitamines.

DIFFÉRENTES SORTES DE FRUITS

À sa maturité, les fruits peuvent être :

Secs : avec une protection résistante, ils sont peu visibles dans le feuillage
- Akènes : une seule graine qui n'adhère pas au fruit, ils ne s'ouvrent pas (fruits indéhiscents) : noisette
- Gousses : plusieurs graines, elles s'ouvrent sur le bord ou par deux fentes : vanille, cacahuète…
- Capsules : elles s'ouvrent par plusieurs fentes : châtaignes, marrons…

Charnus : souvent gros et colorés, visibles facilement
- Baies : contenant des graines (appelées pépins) : pomme, orange…
- Drupes : avec noyau dans lequel se trouve la graine (appelée amande) : pêche, cerise, abricot…

SAISONNALITÉ

Les fruits de saison sont de meilleure qualité et au prix moins élevé :
- Printemps : fraises, bananes, oranges…
- Eté : pêche, abricot, fruits rouges…
- Automne : pommes, raisins, châtaignes…
- Hiver : clémentines, oranges, pamplemousses…

RÔLES DES FRUITS

Dans les préparations diverses (crèmes, mousses, glaces, tartes…) les fruits sont :
- Agents de saveur
- Agents de coloration
- Agents de texture : apportent du charnu (fruit frais), du moelleux (fruit confit), du crémeux (pâte de marron)…
- Agents de décoration

FORMES DE COMMERCIALISATION

Les fruits frais :
- Les agrumes : possèdent une peau appelée « écorce » : citron, orange, pamplemousse…
- Les fruits exotiques : importés des milieux tropicaux : ananas, mangue, coco…
- Les fruits du verger : arbres des zones tempérées : cerise, pomme, abricot…
- Les fruits du jardin : sur terrain clos ou délimité : fraise, groseille…
- Les fruits du potager : plantes potagères (également légumes) : patates douces, tomates…
- Les fruits des bois : à l'état sauvage dans les sous-bois : airelles, framboise, mûre…
- Les fruits à coque : ils possèdent une enveloppe non comestible et sont des fruits secs oléagineux qui se conservent longtemps une fois à maturité : amande, noisette, noix…

TECHNOLOGIE CULINAIRE
LES FRUITS

- **Les fruits confits** : on remplace l'eau des fruits par un sirop pour apporter couleurs et sucre aux préparations
- **Les fruits transformés** : fruits frais transformés en pulpe, jus de fruits, coulis…
- **Les fruits appertisés** : conserves
- **Les fruits surgelés** : on peut utiliser des fruits toute l'année même si ça n'est pas la saison
- **Les fruits lyophilisés** : fruits surgelés puis desséchés : on peut les utiliser tels quels ou réhydratés
- **Les fruits sous vides** : conditionnement dans des emballages sous vide qui permettent de les conserver plus longtemps
- **Les fruits à l'alcool** : conservation dans de l'alcool (avec ou sans sucre) pour relever le goût des fruits

- **Les produits à base de fruits** : fruits cuits avec sucre ajouté : pâtes de fruits, confitures, compotes
- **Pulpe de fruits** : chair de fruits frais (crus ou cuits) nettoyés, équeutés, dénoyautés et coupés en morceaux et sans ajout d'additifs
- **Purée de fruits** : pulpe de fruits, mixée ou passée au tamis + 10% de sucre (pas obligatoire)
- **Compote de fruits** : 85% minimum de fruits frais cuits + eau + sucre (sans conservateur, arômes et colorants)
- **Marmelade de fruits** : purée de fruits (20% minimum) sans conservateurs

---

CONSERVATION

- **Fruits frais** : quelques jours au froid positif +4°C
- **Fruits exotiques** : température ambiante quelques jours à quelques semaines
- **Fruits secs** : endroit frais et sec ou dans un emballage hermétique au froid positif ou négatif quelques semaines à quelques mois

ALLERGIES

Beaucoup de personnes sont allergiques aux arachides, fruits à coque (amande, noix…), fruits exotiques ou fruits charnus (pêche, prune…)
Les différents risques allergiques sont :
- **Respiratoires** : éternuement, toux, asthme…
- **Cutanés** : urticaire, eczéma, gonflement des lèvres, langue, bouche, visage ou gorge…
- **Digestifs** : diarrhées, nausées, vomissements…
- **Corporels** : pâleur, léthargie, manque de tonus, choc anaphylactique (risque d'arrêt cardio-respiratoire)

TECHNOLOGIE CULINAIRE
LES PRÉPARATIONS DE BASE

LES PÂTES

Les pâtes sèches : Pâte sablée, sucrée, brisée, feuilletée, à foncer : farine + œufs + matière grasse

Les pâtes battues : génoise, biscuit roulé : œufs + farine + sucre

Les pâtes molles : pâte à choux, à crêpes, à frire : farine + eau + lait + œufs + matière grasse + sucre

Les pâtes poussées : pâte à madeleine, à cake (avec levure chimique) : œufs + farine + matière grasse + sucre + levure chimique

Les pâtes levées : brioche, savarin (avec levure biologique) : œufs + farine + matière grasse + sucre + levure biologique

Les pâtes friables : Très friables, sans corps, obtenues soit par sablage (mélange beurre/farine) soit par crémage (mélange beurre/sucre). Temps de repos de 30 min avant utilisation

Pâte brisée, sucrée ou sablée = réalisation de tartes, flans pâtissier...

Les pâtes à choux : obtention de la "panade" en chauffant un mélange de farine + eau et/ou lait + sel + beurre. Desséchée, on y incorpore ensuite un à un des oeufs afin de la rendre souple Choux, éclairs, religieuses, gougères

Les pâtes feuilletées : Obtention de la "détrempe" en mélangeant farine + sel + eau qu'on va ensuite plier successivement avec de la matière grasse (beurre de tourrage ou margarine). À la cuisson, cette pâte va gonfler et former des étages réguliers : viennoiseries, millefeuille...

Les pâtes levées : pâtes très élastiques qui vont gonfler au repos : pâte à brioche, à baba, pain de mie...

Les pâtes levées feuilletées : beaucoup plus friables que la pâte levée et plus aériennes : viennoiseries

Les pâtes battues : battues fortement, elles doublent de volume et deviennent plus légères.

Les appareils crémés : obtenus essentiellement par le mélange de matières grasses et de sucre crémés entre eux puis émulsionnés avec des oeufs, avant d'être mélangés à de la farine et parfois des fruits confits ou poudres : appareil à cake, pâtes sablées à dresser à la poche à douille...

Les meringues : beaucoup de légèreté grâce à l'importance d'air contenu dans les blancs d'oeufs montés. Une poudre y est ensuite incorporée : sucre, poudre d'amandes, noisette, noix de coco... Très longue cuisson pour faire coaguler et durcir les oeufs.
On différencie 3 meringues :
* Meringue française : 1/3 de blancs, 2/3 de sucre (1/3 de sucre glace + 1/3 de sucre semoule) : blancs montés serrés au sucre : cuisson 90°C entre 2 et 3 heures
* Meringue italienne : blanc + sucre cuit à 121°C : pas de cuisson
* Meringue suisse : 1/3 de blancs + 2/3 de sucre semoule : blancs montés tiède : cuisson 130°C pendant 15 minutes

Les appareils meringués : base des macarons et des gros gâteaux (dacquoise, succès...). Leur légèreté est due au blancs d'oeufs qui ont été montés et auxquels on a incorporé une poudre (amande, sucre, farine, noisette...)

TECHNOLOGIE CULINAIRE
LES PRÉPARATIONS DE BASE

LES CRÈMES ET LES MOUSSES

Les crèmes et mousses sont très fragiles, et sont très rapidement remplies de bactéries Pour éviter toute infection alimentaire, il est important de :

- Respecter les règles d'hygiène (personnel, matériel et locaux)
- N'utiliser que des produits frais, pasteurisés ou stérilisés
- Les maintenir au frais le plus souvent possible, et ce dès refroidissement (3°C)
- Conserver maximum 24 heures
- Réalisation des glaces et sorbets dans des locaux dédiés fermés : stockage à -15°C

Crème avec oeufs :

- Crème pâtissière : lait + jaune d'œuf + sucre + farine + vanille
- Crème anglaise : lait + jaune d'œuf + sucre : cuit à 80°C à la nappe
- Appareil à crème prise : lait ou crème + œufs + sucre + arôme

Crème avec produits laitiers

- Crème chantilly : crème fraîche fouettée au sucre glace et à la vanille
- Crème au beurre : crème à la base de beurre pommade, d'œufs montés, de sucre cuit et de vanille

Crème au chocolat

Ganache : crème (ou lait ou beurre ou les trois) chaude ajoutée au chocolat

Crème aux fruits oléagineux

Crème d'amandes : tant pour tant : poudre d'amandes + sucre + beurre + œufs
Crème de noisette : poudre de noisettes + sucre + beurre + oeufs

Crème à flans

Semblable à la crème pâtissière, mais cuite ensuite dans un moule (parfois sur une pâte également)

Crème diplomate

Crème pâtissière + gélatine + crème fouettée

Crème Chiboust

Crème pâtissière chaude + gélatine + meringue française ou italienne + arôme vanille

Crème Mousseline

Crème pâtissière + gélatine + beurre pommade

Crème frangipane

Crème pâtissière (1/3) + crème d'amandes (2/3)

Crème Bavaroise

Crème anglaise + gélatine

Crème renversée

Crème cuite au bain-marie avec beaucoup d'oeufs et caramélisée au fond du moule

Crème sabayon

Crème mousseuse chauffée, à base de jaunes d'oeufs et sucre fouettés et cuits à 50°C

TECHNOLOGIE CULINAIRE LES PRÉPARATIONS DE BASE

LES DESSERTS

Entremets froids

Généralement composés d'un biscuit moelleux, d'une mousse et d'un crémeux auquel on ajoute ou non des fruits frais, des textures croustillantes... : fraisier, bavarois...

Entremets chauds

Crêpes, gaufres, beignets, charlotte...

Entremets glacés

Glaces, sorbets, soufflés, parfaits...

Pâtisseries

Tartes, préparation à base de pâte à choux, millefeuilles, biscuit...

Fruits

Frais, compotes, marmelades, salades...

TECHNOLOGIE CULINAIRE
LES PRODUITS ALIMENTAIRES
INTERMÉDIAIRES

Les produits alimentaires intermédiaires sont des produits alimentaires ayant subi un début de préparation (épluchage, taille, pré-cuisson...) avant d'être commercialisés :

Ils sont utilisés en pâtisserie pour plusieurs raisons :
- Gain de temps
- Sécurité bactériologique, organoleptique et nutritionnelle
- Longue conservation
- Conditionnement pratique

Ils présentent tout de même certains inconvénients :
- Goûts standards
- Présence de conservateurs ou stabilisants (pas forcément bio)
- Organisation de stockage et conservation
- Prix parfois élevés

DIFFÉRENTES GAMMES DE P.A.I

- Les produits basiques : pralinés, pâtes d'amandes, fondants prêt à l'emploi, nappages...
- Les produits de service : bombe de graisse, fruits confits...
- Les prêts à cuire : tartes, viennoiseries, gâteaux...
- Les prêts à décorer : glaçages, décors comestibles
- Les prêts à élaborer : poudre à crème, TPT macarons...
- Les prêts à garnir : choux, génoises...
- Les prêts à servir : gaufres, crêpes, petits fours...

TECHNOLOGIE CULINAIRE
LES PRODUITS AMYLACÉS

Les produits amylacés sont des poudres produites à base de végétaux (plantes, graines, céréales, tubercules... : maïs, pommes de terre, riz..) = farine, amidon, fécule.
Ils contiennent tous de l'amidon.

LA FARINE

Poudre fine obtenue par la mouture de grains de céréales (farine de blé (de froment), de maïs, de riz) ou de végétaux (châtaigne, manioc...). La mouture est une succession d'opérations permettant de séparer l'amande du grain de blé de son enveloppe.

Différentes étapes de la mouture du grain de blé

- Broyage : entre des cylindres pour casser les grains et les séparer des enveloppes
- Blutage : passage au tamis
- Cassage : séparation des restes de morceaux d'amande accroché à l'enveloppe
- Claquage : broyage des semoules entre des cylindres lisses pour les transformer en particules plus petites
- Convertissage : passage des particules dans différents cylindres lisses pour obtenir des produits fins jusqu'à la farine

Lorsqu'on parle de "farine" sans préciser, on parle de farine de blé.

Taux d'extraction

Quantité de farine produite (75% du poids du grain de blé : 75kg de farine extraite de 100kg de blé)

Taux de cendres

Moins la farine contient d'impuretés, plus le taux de cendres est bas et la farine blanche

- T45 : moins de 0,5% de cendre : utilisation pâtisserie

- T55 : de 0,5 à 0,6% de cendre : pain blanc
- T65 : de 0,62 à 0,75% de cendre : pain de campagne, pain « tradition »
- T80 : de 0,75 à 0,9% de cendre : pain bis ou pain semi-complet
- T110 : de 1 à 1,20% de cendre : farine rustique de complément
- T150 : + de 1,40% de cendre : farine complète

Taux de gluten

Plus il est important, plus la farine a une bonne valeur boulangère : on peut déterminer ce taux grâce au test de sédimentation de "Zélény"

Force boulangère – W

Mesurée à l'aide de l'alvéographe Chopin, le W traduit le travail de déformation de la pâte. Une farine forte aura une valeur de W supérieure à 200, alors que celle d'une farine faible sera inférieure à 180.

Caractéristiques de la farine

- Granulation : fine, sans grains ni morceaux
- Saveur : goût de froment
- Couleur : blanc uni à gris selon le type
- Odeur : aucune odeur

Deux catégories de blés

- Le blé tendre : cultivé en France, ses grains sont arrondis avec une épaisse enveloppe, permettant de fabriquer une farine panifiable (farine pour le pain)
- Le blé dur : cultivé en Italie, ses grains sont allongés et barbus avec une mince enveloppe, permettant de fabriquer des pâtes alimentaires

Conservation

Dans des emballages étanches, dans un local sec sans humidité, frais et aéré, à l'abri de la chaleur et du soleil.

TECHNOLOGIE CULINAIRE
LES PRODUITS LAITIERS

On parle de produits laitiers ou laitages tous les aliments transformés issus du lait ou le lait simple.

LE LAIT

Lorsqu'il n'y a aucune indication de sa provenance, on parle du lait de vache. Sinon il est indiqué "Lait de..." : brebis, chèvre...

Composition du lait : Pour un litre de lait

- 87,5% d'eau
- 4,7% de glucides = lactose : sucre composé de glucose et de galactose : c'est lui qui donne le goût sucré du lait et qui caille lors de l'ébullition d'un lait trop vieux (bactéries lactiques)
- 3,6% de lipides : matières grasses
- 3,4% de protides = protéines lactosériques, caséines : source de protéines de bases : c'est elles qui coagulent et donne le caillé en milieu acide
- 0,9% de minéraux = calcium, phosphore - traces de vitamines

Formes de commercialisation

- Lait cru, emballage jaune, entre 3 et 5% de MG
- Lait entier, emballage rouge, plus de 3,5% MG
- Lait demi-écrémé, emballage bleu, entre 1,5 et 1,8% MG
- Lait écrémé, emballage vert moins de 0,30% MG

Traitements de conservation

- Lait cru, aucun traitement, riche en goût, mais fragile au niveau bactéries, stockage +4°C, DLC 2 jours
- Lait pasteurisé : lait chauffé à +85°C puis refroidit rapidement à +4°C : stocké à +4°C, DLC de 7 jours
- Lait Stérilisé : lait chauffé à +115°C puis refroidit : stocké à +15°C, DLC de 120 jours
- Lait U.H.T (ultra haute température) : lait chauffé à +140°C pour supprimer les micro-organismes et conserver plus longtemps, stocké à +15°C, DLC de 90 jours
- Lait concentré : eau partiellement évaporée puis lait stérilisé mis sous vide à 55°C, stocké à +15°C, DLC de plusieurs mois
- Lait en poudre : eau du lait entièrement évaporée (chauffée à +150°C) pour une longue conservation et une suppression des bactéries, stocké à température ambiante, DLC de 18 mois.

Il est important de respecter les conditions de stockage et de conservation du lait, car celui ci s'altère rapidement à cause de la matière grasse et des bactéries qui la composent

TECHNOLOGIE CULINAIRE
LES PRODUITS LAITIERS

Agent :
- Hydratant : réhydrate la pâte à choux
- Saveur : arôme lacté qui sucre légèrement les préparation et fixe les arômes dans les crèmes, glaces...
- Cuisson : permet de conserver la blancheur de certaines préparations lors de la cuisson
- Colorant : permet de faire dorer les viennoiseries, de colorer le riz au lait blanc...
- Fermentation : fermentation activée grâce au lactose
- Conservateur : évite le dessèchement
- Texturant : moelleux et velouté des appareils et crèmes, stabilise les mousses, fluidifie les ganaches

Étiquetage obligatoire sur l'emballage
- Nom du lait : demi-écrémé, entier... avec sa couleur
- Traitement suivi : stérilisé, UHT, pasteurisé...
- Nom et adresse de la laiterie
- Numéro de lot de fabrication
- Poids et/ou volume
- DLC
- Estampille de salubrité ou n° d'agrément sanitaire : tampon ovale avec code pays de production, département, numéro INSEE, numéro d'établissement et sigle de l'UE : FR13-165-02CE

LES YAOURTS

Produits laitiers obtenus après fermentation du lait entier, demi écrémé ou écrémé, par deux bactéries : le streptococcus thermophilus et le lactobacillus bulgaricus. Ils peuvent être natures, aromatisés (naturel ou synthétique), aux fruits (< 30% morceaux), bulgares (ensemencement spécifique), brassés (onctueux), à boire (liquide) ou fermes

Formes de commercialisation

- Yaourt Maigre < 1% MG
- Yaourt Nature = 1 % MG
- Yaourt Entier + 3,5% MG

TECHNOLOGIE CULINAIRE
LES PRODUITS LAITIERS

LA CRÈME

Matière grasse du lait (au minimum 30% de MG)
10L de lait = 1L de crème

Composition moyenne

- 64% d'eau
- 30% de matière grasse
- 3,5% de lactose
- 2,5% de caséine
- Traces de vitamines

Formes de commercialisation

- Crème riche = 40 % MG
- Crème légère = 12 à 29 % MG
- Crème extra légère – 12 % MG

Traitements

- Crème crue : aucun traitement, DLC 7 jours
- Crème fraîche Pasteurisée : crème fleurette : de +85°C à +4°C rapidement, DLC 30 jours
- Crème liquide Stérilisée : +115°C, DLC 8 mois
- Crème liquide UHT : de + 150°C, DLC 4 mois
- Crème fraîche épaisse pasteurisée : ensemencée de ferments lactiques
- Crème épaisse AOC : ex : d'Isigny 35% MG
- Crème chantilly : crème fouettée sucrée à 30% MG et éventuellement arôme naturel vanille
- Crème sous pression : ex : chantilly en bombe 30% MG foisonnée au gaz
- Crème aigre : ex : crème aigre, ayant subi une fermentation bactérienne

Agent de

- Saveur : arôme lacté
- Foisonnement : aide à la légèreté et à l'aération grâce aux matières grasses qui emprisonnent des bulles d'air
- Liant : pour les crèmes et sauces
- Colorant : aide au brunissement
- Texturant : apporte de l'onctueux et du velouté aux préparations, fluidifie les masses

TECHNOLOGIE CULINAIRE
LES PRODUITS SUCRÉS

Le sucre est un produit alimentaire formé essentiellement de **saccharose** (cristaux blancs dans les plantes à chlorophylle) qui est l'union de deux sucres simples (glucose + fructose).

Il vient soit :

- De la **betterave sucrière** : plante de la famille des chénopodiacées qui se culture tous les deux ans dans les régions tempérées. Sa racine, conique, contient 15 à 20% de sucre.
- De la **canne à sucre** : plante similaire à un roseau de plusieurs mètres qu'on trouve dans les régions tropicales chaudes et humides. Cette plante de la famille des graminacées est constituée de 10 à 12% de matières fibreuses et de 88% de jus sucré appelé « vesou » (dont 12 à 18% de saccharose). On la récolte 12 à 18 mois après la plantation.
- Ses caractéristiques : **soluble** (fond dans l'eau), **hygroscopique** (absorbe l'humidité), agent **d'hygrolyse** (libère du glucose et du fructose), caramélise. Le sucre est extrait dans les sucreries.

ÉTAPES DE FABRICATION DU SUCRE

- **Récolte, transport et réception** : l'usine paye les planteurs en fonction du poids des racines livrées et de leur teneur en sucre
- **Lavage** : lavage pour éliminer les pierres
- **Découpage** : racines coupées en fines lamelles appelées « cossettes »
- **Diffusion** : cossettes mélangées dans un cylindre rempli d'eau chaude : le sucre va être recueilli : on obtient le jus de diffusion (14% de sucre, 84% d'eau et 3% d'impuretés)
- **Filtration** : élimination des impuretés restantes grâce à l'ajout de lait de chaux puis de gaz carbonique qui vont former des sels insolubles et des précipités fixant les impuretés. Le mélange est envoyé dans des filtres qui vont retenir les impuretés et libérer le jus sucré clair (15% de sucre et 85% d'eau)
- **Évaporation** : porté à ébullition, le jus traverse des chaudières afin d'éliminer une partie de son eau : le jus se transforme en sirop (65 à 70% de saccharose)
- **Cristallisation** : Le jus sucré, passé à nouveau dans des chaudières, est concentré jusqu'à saturation et forme de multiples petits cristaux en suspension dans le sirop : la « masse cuite ».
- **Essorage** : La masse cuite est envoyée dans des essoreuses qui vont évacuer le sirop tout en récupérant le sucre blanc cristallisé sur les parois
- **Séchage** : le sucre cristallisé blanc encore chaud et humide est récupéré pour être séché à l'aide d'un air chaud puis refroidi et stocké pour qu'il se stabilise.
- **Conditionnement** : Une fois totalement séché, le sucre est conditionné dans des emballages soit :
  - en poudre
  - en morceaux après humidification et moulage
  - en vrac

TECHNOLOGIE CULINAIRE
LES PRODUITS SUCRÉS

Le sucre doit être stocké dans un emballage hermétique, dans un endroit sec et aéré, sans humidité pour éviter qu'il se condense.

DIFFÉRENTES FORMES DE COMMERCIALISATION DU SUCRE

- Le sucre cristal ou cristallisé
- Le sucre semoule ou en poudre
- Le sucre glace
- Les sucres en morceaux
- Le sucre en grains ou perlé ou grêlon ou casson
- Le sucre roux : de canne (cassonade) et de betterave (vergeoise)
- Le sucre candi (gros cristaux)
- Le sucre aromatisé et/ou coloré et/ou pétillant
- Le sucre liquide (sirop de sucre)
- Le fondant

RÔLES DU SACCHAROSE

- Agent de saveur : goût sucré
- Agent de masse : apporte tenue (meringues) et masse aux préparations (biscuits, confiserie…)
- Agent de mise en valeur des arômes
- Adoucissant d'acidité et d'amertume
- Agent de coloration et décoration : sucre blanc ou sucre sur des préparations pour la dorer
- Régulateur de fermentation pour les pâtes levées
- Agent de texture : croustillant, onctuosité, consistance
- Favorise l'incorporation de l'air dans les pâtes battues
- Agent de conservation : caramel, ganache, fruits…
- Agent de protection : empêche l'oxydation des fruits (nappages par exemple)

DEGRÉS DE CUISSON DU SUCRE

La réaction de Maillard = réaction chimique observée lors de la cuisson de certains aliments
- Sirop ou nappe : 100°C : puncher les babas, fruits au sirop, confitures et gelées…
- Petit filet : 103 à 105°C : fruits confits, gelées et mousses de fruits
- Grand filet : 106 à 110°C : crème au beurre, marrons glacés, fruits confits
- Petit boulé : 115°C : appareil à bombe
- Boulé / Gros Boulé : 118 à 120°C : fondants mous, caramels mous, meringue italienne…
- Petit cassé : 125 à 140°C : pâte d'amandes, nougat, bonbons et caramel
- Grand cassé : 145 à 150°C : nougat sec, décors en sucre tiré, soufflé, sucer filé, fruits secs
- Caramel : 150°C et + : caramels

TECHNOLOGIE CULINAIRE LES PRODUITS SUCRÉS

POUVOIR SUCRANT DU SUCRE (PS)

- **Saccharose** a un PS égal à 1
- **Sirop de glucose** : PS +/- 0,50
- **Miel** PS +/- 1,3
- **Sirop d'érable** PS +/- 1,10
- **Aspartame** PS +/- 160
- **Saccharine** PS +/- 300

RISQUES POUR LA SANTÉ ET PRÉVENTION

- Dentaires : carie : bien se brosser les dents, visites régulières chez le dentiste
- Diabétique
- Surpoids

TECHNOLOGIE CULINAIRE
LES SPIRITUEUX

Ensemble des boissons contenant de l'alcool, utilisées en pâtisserie pour apporter une note personnelle et gustative (exemple : baba au rhum). Ils peuvent servir également à faire flamber des préparations. Ils sont utilisés en confiserie, en glacerie et également pour faire macérer et réhydrater des fruits.

DIFFÉRENTES BOISSONS ALCOOLISÉES

Les eaux-de-vie : issues de la distillation d'un liquide faiblement alcoolisé, élaboré à partir de fruits, de vins, de plantes ou de grains (40°). Elles se conservent au frais, à moins de 15°C
- Cidre
- Fruits : kirsch, mirabelle...
- Plante : téquila
- Rhum blanc, ambré, vieux : issus de cannes à sucre et mélasse
- Cognac, armagnac, calvados : appellation contrôlée
- Vin
- Marc
- Céréales : whisky - vodka

Les liqueurs : produits sucrés issus de la distillation ou de l'infusion, après macération d'une substance aromatique dans de l'alcool (15 à 55°). Elles se conservent au frais, au sec et à l'abri de la lumière
- D'écorces d'orange : grand Marnier, Cointreau
- De plantes et de graines : chartreuses, bénédictine...
- De fruit : curaçao, limoncello...

Les vins : boissons alcoolisées issues de la fermentation de raisins frais (12 à 23°). Les vins se conservent sans durée dans le temps (sauf pour les vins effervescents), entre 10 et 14°C de préférence, à l'abri de la lumière, allongés.
- Doux naturels : muscat...
- De liqueur : pineau des charentes...
- Effervescents : mousseux...
- De table

TECHNOLOGIE CULINAIRE
LA LEVURE BIOLOGIQUE

LA LEVURE BIOLOGIQUE

La levure biologique la plus connue est nommée Saccharomyces Cerevisiae.

La levure biologique est un champignon unicellulaire microscopique vivant, qui peut transformer les sucres en alcool et en gaz carbonique et qui se multiplie toutes les 3 heures. La fermentation est causée par un organisme vivant. Une levure est fraîche lorsqu'elle est lisse, claire, de bonne odeur et de bon goût, malléable, s'émiettant facilement et ne formant pas de grumeaux lorsqu'on la délaye.

La levure biologique fraîche doit être conservée filmée, dans une enceinte réfrigérée positive entre 0° et 10°C, utilisée jusqu'à 1 mois.

La levure biologique sèche doit être conservée dans un récipient hermétique fermé, dans une réserve sèche à température ambiante.

Le rôle de la levure :

- Faire gonfler la pâte grâce au gaz carbonique
- Influencer le goût de la mie
- Colorer la croûte (en plus du rôle du sel et du sucre)

DIFFÉRENTES FORMES DE COMMERCIALISATION

- Levure fraîche ou pressée en bloc compact : pour les viennoiseries et pains boulangers
- Levure émiettée : particules fines : viennoiseries et pains (boulangers industriels)
- Levure liquide : crème, boulangeries industrielles des États Unis, europe de l'ouest et Australie
- Levure sèche active : petits vermicelles : incorporation à sec dans la farine
- Levure sèche instantanée : granulés : utilisé en Afrique, Proche et extreme-Orient, Océanie
- Levure surgelée : vermicelles surgelés : pour les pâtes crues surgelées

UTILISATION DE LA LEVURE BIOLOGIQUE

- Dilution dans un liquide tiède (eau ou lait) ne dépassant pas 50°C pour ne pas tuer les cellules
- Ne pas mettre en contact direct avec le sucre ou le sel avant le pétrissage : le sucre fait ressortir l'eau des cellules et le sel freine la fermentation
- Ne pas mettre trop de levure pour éviter un mauvais goût dû à un excès de fermentation. Il est important de savoir doser : plus la dose est importante, plus la fermentation est rapide. La fermentation est également plus rapide lorsque la température est élevée. Ainsi, il est préférable de diminuer la quantité de levure l'été (entre 10 et 20g/kg de farine) et de l'augmenter en hiver (entre 20 et 50g/kg de farine). Il sera également important de faire attention aux températures des matières premières utilisées et/ou de la pâte

- Par temps sec, la pâte se croûte, par temps humide, elle colle.

TECHNOLOGIE CULINAIRE
LES MATIÈRES GRASSES

On parle de matières grasses des produits riches en lipides, très énergétiques.
On les trouve sous formes liquides, solides ou pâteuses.
- Le beurre
- Les autres corps gras : huiles, margarine...

Elles peuvent être :
- D'origine animale : beurre, suif (bœuf), saindoux (porc)...
- D'origine végétale : huile de palme, beurre de cacao, huile de coco...
- D'origine mixte : margarine (80 à 90% de MG) et matières grasses à tartiner (10 à 80% de MG) : émulsion entre eau, grasses et/ou huiles à différentes teneur

LE BEURRE

Corps gras alimentaire onctueux obtenu en battant la crème du lait (barattage) : on parle exclusivement de lait de vache.

Formation du beurre :
- Traite et transport à la laiterie par camion-citerne isotherme
- Pasteurisation : lait chauffé quelques secondes puis refroidi pour éliminer les éventuelles bactéries et préserver la fraîcheur du beurre plus longtemps
- Écrémage : une écrémeuse, grâce à sa force centrifuge, va séparer la crème du lait.
- Maturation : la crème précédemment prélevée est mise à maturation : on y insère des ferments lactiques afin de la faire s'épaissir, s'acidifier et gagner en goût
- Barattage : la crème est battue fortement : des petits grains jaunes vont se former et baigner dans le petit lait (babeurre). On récupère ces petits grains et les lave à l'eau pure pour lever toute trace de petit lait.
- Malaxage : le beurre est malaxé jusqu'à obtention d'une texture lisse et homogène : le beurre est terminé
- Conditionnement : plaques, pots, pains, rouleaux ou mottes de beurre
- Conservation : au frais entre 0 et 4°C, à l'abri de l'air et de la lumière, dans une enveloppe hermétique. On peut également le mettre au congélateur à -18°C pendant 12 mois.

TECHNOLOGIE CULINAIRE
LES MATIÈRES GRASSES

DIFFÉRENTS ÉTATS DU BEURRE

- **Beurre sec** (beurre de tourage) : acides gras saturés importants, il reste ferme jusqu'à 45°C et son point de fusion est supérieur à 32°C. Ce beurre de tourage apporte la plasticité aux pâtes feuilletées
- **Beurre gras** : acides gras insaturés importants, il reste ferme seulement jusqu'à 20°C et son point de fusion est inférieur à 32°C. On l'utilise pour améliorer le fondant des crèmes et des biscuits
- **Beurre liquide** (beurre clarifié) : sans éléments solides non gras et sans petit lait. On peut le conserver longtemps sans le mettre au frais et on peut le faire chauffer à haute température sans risque de le brûler (point de fusion très élevé).
- **Beurre fractionné** : son point de fusion a été modifié. Pour cela, il a été chauffé puis refroidit progressivement afin de séparer ses acides gras saturés et insaturés.
  Il existe 4 types de beurres fractionnés :
    - Beurre spécial feuilletage
    - Beurre spécial viennoiserie
    - Beurre spécial brioche
    - Beurre spécial garniture
- **Beurres d'appellation d'origine** : appellation d'origine contrôlée (AOC) qui répondent à un cahier des charges sur le terroir et la méthode de fabrication : beurre d'Isigny par exemple
- **Beurre cru** : sans traitement thermique : 30 jours à 4°C
- **Beurre fin** : à base de crème pasteurisée avec 30% environ ayant été surgelée : 60 jours à 4°C
- **Beurre extra-fin** : à base de crème pasteurisée non surgelée : 60 jours à 4°C
- **Beurre concentré** : beurre pasteurisé déshydraté contenant 99,8% de matière grasse laitière : 9 mois à 18°C (sans air et lumière)
- **Beurre de cuisine** : beurre pasteurisé déshydraté contenant 96% de matière grasse laitière : 9 mois à 15°C (sans air et lumière)
- **Beurre allégé** : beurre pasteurisé et émulsionné contenanT 60% de matière grasse laitière : 6 semaines à 4°C
- **Demi beurre ou beurre léger** : 41% de matière grasse : 6 semaines à 4°C (pas de cuisson)
- **Beurre demi-sel** : 0,5 à 3% de sel ajouté : 4 mois à 4°C
- **Beurre salé** : plus de 3% de sel ajouté : 6 mois à 4°C
- **Beurre aromatisé** : épices ou arômes ajoutés : durée de conservation selon les fabricants

En règle générale, les beurres doivent être conservés dans des emballages opaques et hermétiques, dans un endroit à l'abri de la lumière, de la chaleur et des odeurs fortes pour éviter leur oxydation, leur rancissement et la fixation des odeurs.

RÔLES

- **Agent de saveur** : gustatif
- **Agent isolant** : imperméabilise les couches de pâtes entre elles à la cuisson (feuilletage)
- **Agent de texture** : texture fondante, onctueuse et moelleuse, apporte plasticité, friabilité…
- **Agent de coloration** : couleur appétissante
- **Agent graissant** : anti-adhésion pour les moules
- **Agent foisonnant** : emprisonne les bulles d'air et facilite donc l'aération
- **Agent liant** : unit la phase grasse et aqueuse
- **Agent conservateur** : fixe l'eau dans certains produits et les conserve donc mieux

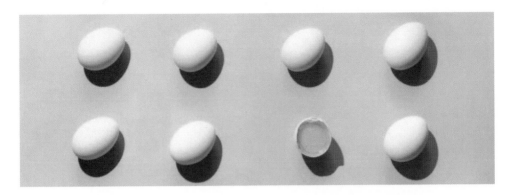

TECHNOLOGIE CULINAIRE
OEUFS ET OVOPRODUITS

Un œuf est un corps organique il contient :
• Le germe d'un embryon
• Un jaune
• Retenu au centre par des chalazes
• Un blanc
• Une chambre à air
• Une coquille

On parle en général de l'oeuf de poule, mais ça peut aussi être un oeuf de caille, d'autruche, d'oie...

L'OEUF ENTIER

73% d'eau, 13% de protéines, 12% de lipides, 1% de glucides, 1% de minéraux et traces de vitamines
• Agent de liaison : permet aux ingrédients secs de former un mélange visqueux
• Coagulation : à 80°C

LE JAUNE

45% d'eau, 17% de protéines, 32% de lipides, 1% de glucides, 1% de minéraux et traces de vitamines
• Agent de coloration des pâtes, crèmes...
• Agent d'émulsion : préparation de crème au beurre, mousses...
• Agent de saveur : goût supplémentaire aux préparations
• Coagulation : à 70°C non dilué et à 80°C dilué

LE BLANC

87% d'eau, 10,5% de protéines, 0,05% de lipides, 1% de glucides, 0,6% de minéraux et traces de vitamines
• Agent de foisonnement : le volume augmente après battage
• Agent levant : le volume de la préparation augmente légèrement à la cuisson
• Anti-cristallisant : ralentissement de la cristallisation du saccharose (utilisé en confiserie)
• Coagulation : à 65°C 1 oeuf coquille = 50 g avec 20g de jaune et 30g de blanc

CLASSIFICATION

Mention obligatoire sur la coquille des oeufs, avant l'initiale du pays d'origine : indication de la provenance et des conditions d'élevage :

- Code 0 : oeufs bio : élevage en plein air, moins dense, selon les règles d'agriculture biologique
- Code 1 : oeufs de plein air : élevage en plein air avec au moins 4m2 par poule
- Code 2 : oeufs au sol : élevage dans des bâtiments sans accès à l'air libre (oeufs élevés au sol)
- Code 3 : oeufs de batterie : élevage en cage entassées

CATÉGORIE

- **Catégorie A** : oeufs frais non lavés et non nettoyés pour les consommateurs : informations lisibles : adresse, code, catégorie (poids et qualité), date durabilité minimale (jour exprimé de 1 à 31, mois exprimé de 1 à 12 : l'oeuf peut être consommé jusqu'à 28 jours après la ponte), classification, code producteur. Les oeufs avec la mention "EXTRA" sont à utiliser pour des préparations délicates ou sans cuisson. L'oeuf est considéré comme extra-frais jusqu'au 9ème jour après la date de ponte.

- **Catégorie B** : oeufs non frais pour les entreprises alimentaires et non alimentaires

- **Catégorie C** : déclassés : oeufs avec une coquille fêlée, mais pas cassée : pour les entreprises pouvant les pasteuriser

CALIBRAGE

Selon le poids de l'oeuf :
- **Calibre S** : petits oeufs 53g
- **Calibre M** : oeufs moyens 53 à 63g
- **Calibre L** : gros oeufs 63 à 73g
- **Calibre XL** : très gros oeufs > à 73g

TECHNOLOGIE CULINAIRE
OEUFS ET OVOPRODUITS

Les ovoproduits sont des produits fabriqués industriellement à partir de l'œuf, après élimination de la coquille et des membranes. Les ovoproduits ont été pasteurisés et présentent donc moins du point de vue bactériologique et peuvent ainsi être conservés plus longtemps (avant ouverture)

- Solides
- Liquides
- En poudre
- Entiers
- Jaunes seuls
- Blancs seuls
- Congelés

1 kg d'oeufs (ou 1 litre) = 20 oeufs entiers ou 50 jaunes ou 32 blancs

- **Ovoproduits intermédiaires** : pour industries agroalimentaires : œufs entiers cassés homogénéisés avec jaunes et blancs pasteurisés : liquides, concentrés, congelés, ou séchés en poudre
- **Fractionnement du blanc et du jaune** : pharmacie, biotechnologie, cosmétologie...
- **Ovoproduits prêts à l'emploi** : restauration professionnelle : œufs durs écalés ou reconstitués

FORME DE COMMERCIALISATION

- **Pasteurisés** : liquide
- **Déshydratés** : en poudre
- **Concentrés** : en poudre
- **Surgelés** : liquide

AVANTAGES ET INCONVÉNIENTS OEUFS / OVOPRODUITS

OEUFS COQUILLE	
Avantages	**Inconvénients**
Prix avantageux	Délicat à manipuler donc perte de temps et risque de perte (casse, coquilles dans les préparations)
Meilleures qualités organoleptiques	Produit sensible
Fraîcheur à la ponte	Risques bactériologiques (surtout coquilles)
Écoulement des stocks facilitée	Conservation limitée dans le temps
Gestion des besoins en blancs et jaunes facilitée	Stockage encombrant

OVOPRODUITS	
Avantages	**Inconvénients**
Gain de temps	Prix élevé
Qualité hygiénique irréprochable	Qualités gustatives et technologiques réduites
Longue conservation avant ouverture	Conservation rapide après ouverture
Garantie bactériologique	Gestion des stocks contraignante (entier, jaune, blanc)
Gain de place pour le stockage	Respecter la DLUO

NB : Les avantages des ovoproduits sont les inconvénients des oeufs coquille et vice-versa

TECHNOLOGIE CULINAIRE
LOCAUX ET ÉQUIPEMENTS

ZONES DE CUISINE

- Zone de commercialisation
- Zone de réception de déconditionnement des marchandises
- Économat : réserve des matières premières sèches
- Stockage des produits d'entretien
- Réserve des consommables à température ambiante
- Chambre froide ou tour réfrigéré
- Zone de cuisson
- Local du personnel
- Local climatisé pour la préparation des pâtisseries

MATÉRIEL DE MESURE

- **Thermomètres** : à chocolat, à sucre, infrarouge, à sonde
- **Doseurs** : pot gradué en plastique ou en inox
- **Minuteurs** : mécaniques ou digital Balances : automatiques, électroniques plus ou moins précises (de 0,1 à0,5g)

PETIT MATÉRIEL

- Bassines, cul-de-poule, chinois étamine, tamis, chinois, passoire
- Moule anti adhésif ou flexipan, moule chocolats, candissoire, cercle à tarte, cadre et cercles à entremets, poches jetables ou réutilisables, douilles, emportes pièces unis ou cannelés, pic vite, corne, entonnoir, toile de cuisson, billes de cuisson
- Fouet, spatule composite, maryse, écumoire, louche, zesteur microplane, zesteur canneleur, cuillère pomme, canneleur, vide pomme, palette simple ou coudée, pinceau, ébauchoirs, rouleau, peigne, pince à tarte, siphon, balayette à farine, chalumeau,
- Couteau d'office, couteau de tour, coupe-pâte, couteau-scie, mandoline, râpe

MATÉRIEL D'AIDE À LA FABRICATION

Robots : pétrin, robot cutter, batteur mélangeur, presse agrumes, mixeur
Autres : pèle pomme, laminoir, lampe à sucre

MATÉRIEL DE CUISSON

- Plaques électriques, à induction, gaz
- Fours : mixte - à sole - à air pulsé (ou étuve)
- Micro-ondes
- Pasteurisateur
- Cuiseur à vapeur
- Bain-marie

MATÉRIEL DE STOCKAGE

- Conservation : Tour réfrigéré, cellule de refroidissement, chambre de fermentation, conservateur/surgélateur, machine sous vide, chambre froide
- Stockage : échelle, bac, armoire murale, meuble de stockage
- Autres : plonge, lave-mains, lave vaisselle, poubelles à pédale, poste de désinfection

TECHNOLOGIE CULINAIRE
LA PRODUCTION BIOLOGIQUE

LA FILIÈRE BIO

La production biologique concerne les produits 100% bio ou contenants au moins 95% de produits agricoles bio dans le cas des produits transformés. Le label bio est un signe officiel permettant d'assurer la qualité et l'origine (productions contrôlées).

La filière bio est tracée et contrôlée par 9 organismes certificateurs en France

Elle doit respecter la protection de l'environnement et le bien-être animal :

• Non utilisation de produits chimiques de synthèse et d'organismes génétiquement modifiés (OGM)
• Recyclage des matières organiques
• Rotation des cultures
• Respect du rythme naturel des animaux : plein air, alimentation, médecine...

Les principaux acteurs institutionnels :
• L'Agence Bio
• L'ITAB : institut de recherche en agriculture bio
• Le Ministère chargé de l'Agriculture
• INAO : institut national de l'origine et de la qualité Les principales organisations :
• FNAB : Fédération Nationale d'Agriculture Biologique
• SYNABIO : Syndicat des transformateurs et distributeurs de produits bio
• Cniel, Interfel, Interc&éréales, Terres Univia...

LE DÉVELOPPEMENT DURABLE

La production biologique permet de jouer en faveur de :

• La qualité de l'eau : pas de pesticides, nitrates et produits phytosanitaires, limitation de l'érosion des sols et du lessivage des nitrates dans les eaux souterraines
• La biodiversité : animaux vivants dans la terre plus nombreux avec des sols redynamisés beaucoup plus riches et fertiles. On assiste à un véritable respect des animaux et de l'environnement.
• L'emploi : le bio est de plus en plus recherché par les consommateurs, ce qui entraine une demande et une production croissante et donc une création d'emplois considérable. De plus, les technologies et savoir-faire se développent sans cesse (appel à des chercheurs)
• La Santé: les aliments biologiques, plus naturels et aux qualités nutritionnelles préservées, sont plus sains pour la santé.

TECHNOLOGIE CULINAIRE
LA PRODUCTION BIOLOGIQUE

Les produits bio sont malheureusement souvent plus chers (car ils ont des matières premières plus chères et donc un rendement plus faible)

LA RÈGLEMENTATION

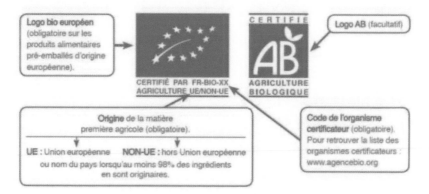

UTILISATION EN PÂTISSERIE/BOULANGERIE

- Farine bio : obtenue à partir de céréales bio écrasées sur une meule de pierre ou cylindre pour conserver leurs arômes et qualités nutritionnelles
- Châtaigne, sarrasin, quinoa...
- Céréales bio : avoine, maïs, soja, tournesol, quinoa, sarrasin, blé tendre, orge...
- Levures et levains bio : sans additifs ni OGM ni traitements chimiques, à base d'eau et de farine bio fermentés
    - Sèches instantanées ou actives
    - Pressées
    - En granules
    - Liquides
- Crème bio
- Lait bio
- Œufs bio
- Fruits bio
- Beurre bio
- Sucre bio

PÂTISSERIE BIO

Pour qu'une pâtisserie soit dite "bio" il faut qu'elle respecte plusieurs conditions :

- 95% au minimum de produits bio
- 5% des ingrédients ou additifs restants non bio doivent faire partie de la liste autorisée
- On ne prend pas en compte dans ce % les ingrédients d'origine non agricole : eau (doit être potable) et sel (doit être sans additifs)
- Le levain est préférable à la levure boulangère. Le plus souvent, une recette de pâtisserie bio doit d'abord être validée par des organismes certificateurs avant d'être commercialisée.

COMMERCIALISATION DE PRODUITS BIO

Disposition : Emplacement identifié et réservé aux produits bio en prenant soin de ne pas contaminer les produits bio avec les non-bios

Affichage et étiquette : Il est obligatoire d'obtenir une certification bio (ensuite affichée) pour pouvoir mettre des produits bio en rayon :

- Mention "bio" ou "issu de l'agriculture bio"
- Numéro et code de l'organisme certificateur
- Dénomination du produit, poids et date de conservation
- Liste des ingrédients bio et non bio

STOCKAGE

Il est important de ne pas mélanger les produits bio et non bio pour éviter la confusion, le mélange ou la contamination :

- Utiliser des emballages/rangements/contenants dédiés uniquement aux produits bio
- Locaux nettoyés et désinfectés
- Cuire séparément les aliments
- Utiliser du matériel identifié et dédié

Veiller à vérifier l'identification et l'emballage des produits lors de la réception

Recettes Pratiques

Recettes

INTRODUCTION

TECHNIQUES DE BASE (AVEC CELLES DE LA RÉFORME DE 2020)

- Les pâtes : pâte sucrée, pâte sablée, pâte brisée, pâte à choux, pâte feuilletée, pâte feuilletée inversée, pâte levée feuilletée, pâte à brioche (pâte levée), pâte à crumble ou craquelin, pâte à diamant, pâte à cookie
- Les biscuits : biscuit génoise, biscuit cuillère, biscuit Joconde, dacquoise, succès noisette, macaron, biscuit chocolat sans farine
- Les crèmes : appareil à crème prise, crème anglaise, crème au beurre, crème au citron, crème chantilly Mascarpone, crème d'amande, crème diplomate, crème mousseline, crème pâtissière, crème Chiboust, ganache chocolat
- Les masses : mousse de fruits, mousse chocolat pâte à bombe, bavaroise de fruits, bavaroise à base de crème anglaise, sirops
- Les garnitures et inserts : caramel, compote, confiture, frangipane, croustillant praliné chocolat, croustillant fruits secs, coulis gélifié
- Les glaçages : fondant pâtissier, glaçage gélifié miroir, glaçage noir brillant
- Les meringues : meringue française, meringue suisse, meringue italienne
- Les décors : cuisson du sucre, nougatine, rose en pâte d'amande, tempérage du chocolat noir, décors en chocolat, cornet

RECETTES DE L'EXAMEN DU PÔLE 1 (AVEC CELLES DE LA RÉFORME DE 2020)

- Les tartes : tarte normande, tarte aux fraises, tarte aux pommes, tarte Bourdaloue, tarte au chocolat, tarte au citron meringuée, flan pâtissier, la quiche...
- Pâtes feuilletées : chaussons aux pommes, galette des rois et pithivier, dartois, millefeuilles, le palmier...
- Pâtes levées : brioche Nanterre, brioches navettes, brioches tête, brioches tressées, pains au lait
- Pâtes levées feuilletées : croissants, pains au chocolat, pains aux raisins
- Autres : diamants, cookies, tuiles aux amandes, madeleine, cake, financier, rocher coco, éponge

RECETTES DE L'EXAMEN DU PÔLE 2 (AVEC CELLES DE LA RÉFORME DE 2020)

- Pâte à choux : chouquettes, choux ou éclairs chantilly, glands, salambos, éclairs, religieuses, paris-brest, saint-honoré
- Entremets : bavarois chocolat, bavarois rubané, charlotte, fraisier, moka, schuss, forêt noire, miroir, opéra, succès praliné, entremets chocolat, entremets aux fruits, entremets aux fleurs
- Bûches : bûche roulée, bûche moulée

Ordonnancement - Télécharger la méthode

CRÈMES, MOUSSES, GARNITURES ET INSERTS

- Appareil à crème prise
- Caramel
- Compote de pommes
- Confiture
- Crème anglaise
- Crème au beurre
- Crème au citron
- Crème chantilly
- Crème chantilly Mascarpone
- Crème d'amande
- Crème diplomate
- Crème Chiboust
- Crème mousseline
- Crème pâtissière
- Fondant pâtissier
- Frangipane
- Nougatine
- Ganache chocolat
- Meringue italienne
- Meringue française
- Meringue suisse
- Mousse bavaroise
- Bavaroise de fruits
- Mousse de fruits
- Coulis gélifié
- Mousse au chocolat/pâte à bombe
- Sirop à 30° beaumé
- Cuisson du sucre
- Glaçage gélifié miroir
- Glaçage noir brillant

Appareil à crème prise

INGREDIENTS

- 125 g de lait
- 125 g de crème liquide 35%
- 60 g de sucre semoule
- 100 g d'oeufs entiers
- QS vanille liquide

INSTRUCTIONS

- Blanchir les oeufs et le sucre.
- Ajouter le lait + la crème + extrait vanille.
- Mélanger le tout sans trop fouetter
- Verser immédiatement dans le fond de tarte précuit.
- Enfourner

TEMPS DE PRÉPARATION

- 5 min

ASTUCES

S'il y a séparation du beurre et du lait, c'est que le mélange a été trop fouetté. Pour le rattraper, réchauffer légèrement et mélanger à nouveau lentement.

Crème anglaise

INGREDIENTS

- 250 g de lait entier
- 1/2 gousse de vanille
- 50 g de sucre semoule
- 50 g de jaunes d'oeufs

TEMPS DE PRÉPARATION

- Prep : 15 min
- Cuisson : 1 min

INSTRUCTIONS

- Casserole : lait + une partie du sucre + demi-gousse de vanille
- Chauffer sur feu moyen en remuant de temps en temps
- Cul de poule : blanchir les jaunes et le reste du sucre. A ébullition, retirer le lait du feu et la gousse de vanille.
- Mélanger le mélange jaune/sucre en fouettant
- Transvaser le tout dans la casserole et remettre sur feu doux en mélangeant sans s'arrêter.
- La crème est cuite quand elle atteint les 82-84°C
- Pour être mise en verrine : chinoiser
- Pour l'aromatiser au chocolat : c'est le moment
- Filmer au contact et réserver au frais

ASTUCES

Il faut une crème lisse, brillante, qui nappe la spatule.
Des grumeaux ? Elle est trop cuite

Crème au beurre

INGREDIENTS

- 300 g de beurre pommade
- 225 g sucre semoule
- 75 g d'eau
- 120 g d'œufs entiers
- QS d'arômes au choix

TEMPS DE PRÉPARATION

- 5 à 10 min

INSTRUCTIONS

- Casserole : eau + sucre
- Faire bouillir jusqu'à 121°
- Pendant ce temps, mettre les oeufs dans un robot avec le fouet
- Quand le sirop atteint 115°, lancer le robot vitesse moyenne
- Une fois atteint les 121°, verser le sirop sur les oeufs en filet
- Augmenter le robot vitesse max et fouetter jusqu'à refroidissement complet
- Augmentation du volume de la pâte = pâte à bombe
- Y incorporer le beurre (attention, il est important d'avoir un beurre à la même température pour ne pas faire trancher la crème) en petits morceaux
- Fouetter
- Une fois tout le beurre incorporé, battre encore 2 minutes et c'est à ce moment que vous pouvez ou non aromatiser la crème au beurre.

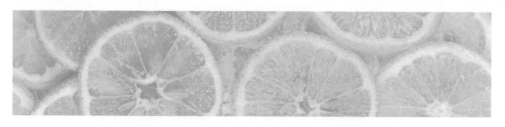

Crème au citron

INGREDIENTS

POUR UNE TARTE 22 CM

- 200 g d'oeufs entiers
- 80 g de jus de citron + zestes de 2 citrons
- 130 g de sucre
- 130 g de beurre
- 10 g de maïzena

TEMPS DE PRÉPARATION

- Prep: 5 min
- Cuisson : 5 min

INSTRUCTIONS

- Citrons lavés, zestés, prélevés de leur jus
- Cul de poule : blanchir les oeufs avec une partie du sucre et la Maïzena
- Casserole : jus + zestes + reste du sucre
- Chauffer sans faire bouillir
- Verser le jus chaud sur le mélange d'oeufs blanchis en fouettant vigoureusement pour éviter les grumeaux
- Remettre le tout sur le feu et fouetter sans arrêt jusqu'à épaississement
- A ébullition, compter 30 secondes puis stopper la cuisson
- Mettre le beurre coupé en morceaux et mélanger
- Vous pouvez utiliser le mixeur plongeant pour obtenir une crème très lisse et crémeuse
- Verser immédiatement la crème dans le fond de tarte et la lisser tout de suite

ASTUCES

Augmenter la quantité de jus pour plus d'acidité Remplacer par le jus d'un autre agrume

Crème chantilly

INGREDIENTS

POUR 12 ECLAIRS
- 400 g de crème liquide à 30%
- 40 g de sucre glace
- QS extrait de vanille

Pour une crème chantilly chocolat : 50% de chocolat par rapport au poids de crème (exemple 300g de chocolat pour 600g de crème). Voir recette ganache chocolat

TEMPS DE PRÉPARATION

- Quelques minutes

INSTRUCTIONS

- La crème chantilly est une crème fouettée à laquelle on ajoute du sucre et un arôme
- Placer le bol du robot, le fouet et la crème au frais bien en avance
- Dans la cuve du robot : crème + vanille + sucre
- Lancer le robot progressivement à vitesse lente puis moyenne
- La chantilly est prête quand des sillons se forment avec le fouet et qu'elle a pris du volume

ASTUCES

Une crème trop foisonnée va séparer les deux matières : beurre et petit lait. Une chantilly trop montée va trancher et se transformer en beurre. Utiliser de la mascarpone pour que la crème ai plus de tenue : 50% de mascarpone par rapport au poids de la crème (exemple : 300g mascarpone pour 600g de crème)

Crème chantilly mascarpone

INGREDIENTS

- 150g de crème liquide
- 100g de mascarpone
- 25g de sucre glace
- 2g de vanille liquide

TEMPS DE PRÉPARATION

- Quelques min

INSTRUCTIONS

- Mettre la cuve + le batteur au froid négatif à -18° pendant 10 minutes
- Délayer le mascarpone avec la crème à l'aide d'un fouet, puis commencer à foisonner en ajoutant le sucre glace et la vanille liquide au fouet dans le robot muni d'un fouet.
- Ajuster la texture de la crème à l'utilisation choisie (mousseuse ou ferme).
- Débarrasser dans une poche à douille
- La crème chantilly mascarpone est prête.

Crème d'amande

INGREDIENTS

- 100 g de beurre mou
- 100 g de sucre semoule ou glace
- 100 g de poudre d'amande
- 100 g d'oeufs à température ambiante
- 10 g d'alcool (option)

TEMPS DE PRÉPARATION

- 5 min

INSTRUCTIONS

- Avant de réaliser la crème d'amande, penser à mettre le beurre à température ambiante pour qu'il soit mou lors de son utilisation.
- Cul de poule : crémer le beurre + le sucre au fouet
- Ajouter la poudre d'amandes et mélanger sans fouetter (si de l'air est incorporé, elle gonflera au four).
- Battre les oeufs en omelette et ajouter la moitié au mélange
- Mélanger pour détendre la crème puis ajouter le reste d'oeuf
- Ajouter de l'alcool (option) pour aromatiser
- Mélanger jusqu'à l'obtention d'une crème lisse et homogène

ASTUCES

Vous pouvez remplacer la poudre d'amandes par une poudre d'autres fruits oléagineux : pistaches, noisettes... Ajouté à une crème pâtissière, ce mélange sert à garnir les galettes des rois

Crème diplomate

INGREDIENTS

- 375 g de lait
- 1/2 Gousses de vanille
- 90 g de sucre
- 75 g de jaune d'oeuf
- 30 g de poudre à crème
- 7 g de gélatine
- 375 g de crème liquide

TEMPS DE PRÉPARATION

- 10 min

INSTRUCTIONS

- Mettre à tremper la gélatine
- Réaliser une crème pâtissière
- Hors du feu, ajouter la gélatine égouttée puis mélanger
- Filmer au contact et mettre au frigo 20 minutes
- Monter la crème liquide en chantilly (mais pas trop)
- Lisser la crème Incorporer 1/3 de la crème montée et mélanger vigoureusement
- Incorporer les 2/3 restants, délicatement
- Dresser aussitôt

ASTUCES

La crème diplomate est une crème pâtissière collée à la gélatine avec de la chantilly

Crème mousseline

INGREDIENTS

POUR FRAISIER 20 CM
- 1 recette de crème pâtissière
- 125 g de beurre en morceau
- 125 g de beurre pommade

TEMPS DE PRÉPARATION

- 15 min

INSTRUCTIONS

- Réaliser une crème pâtissière
- Ajouter en fin de cuisson le beurre en morceaux et fouetter
- Débarrasser, filmer au contact et mettre au frais 30 minutes minimum jusqu'à ce qu'elle atteigne 20/25°
- Fouetter la crème pour la détendre Incorporer le beurre pommade en plusieurs fois en fouettant à vitesse élevée
- Laisser tourner le robot 2 à 3 minutes pour foisonner la crème en cornant les bords régulièrement
- Utiliser immédiatement

ASTUCES

Une crème trop liquide est une crème trop chaude au moment de l'incorporation du beurre Une crème tranchée est une crème trop froide au moment du mélange : continuer à fouetter

Crème Chiboust

INGREDIENTS

- 250g de lait
- 1/2 gousse vanille
- 70g de sucre semoule
- 120g de jaune d'oeuf
- 20g de maïzena
- 8g de gélatine
- 220g de sucre semoule
- 70g d'eau
- 90g de blanc d'oeuf

TEMPS DE PRÉPARATION

- 20 min

INSTRUCTIONS

- Hydrater les feuilles de gélatine dans de l'eau bien froide.
- Réaliser une crème pâtissière en mettant à chauffer dans une casserole le lait, la moitié du sucre ainsi que la demi-gousse de vanille grattée.
- Dans un cul de poule blanchir les jaunes et le reste du sucre.
- Ajouter la maïzena et fouetter
- A ébullition, ajouter la moitié du lait dans le mélange.
- Mélanger au fouet
- Reverser l'ensemble dans la casserole.
- Porter à ébullition et cuire 1 à 2 min sans cesser de fouetter.
- Coller la crème pâtissière chaude en ajoutant la gélatine bien essorée.
- Cuire le sucre et l'eau au boulé à l'aide d'un thermomètre à sucre puis verser le sirop de sucre obtenu sur les blancs.
- Monter la meringue au fouet ou au batteur mélangeur avec fouet.
- Lisser la crème pâtissière collée chaude et ajouter la meringue délicatement.
- Débarrasser dans une poche et utiliser sans attendre.

Crème pâtissière

INSTRUCTIONS

- Préparer une plaque couverte de film alimentaire
- Casserole : lait + vanille + une partie du sucre : fouetter et chauffer
- Pendant ce temps, mélanger la maïzena et le sucre restant
- Clarifier les oeufs : blanchir les jaunes avec le mélange maïzena/sucre
- Quand le lait bout, verser une partie sur les oeufs blanchis en fouettant pour éviter les grumeaux
- Verser le tout dans le lait chaud sur la plaque et fouetter jusqu'à ce que le mélange s'épaississe
- Compter 1 min à 1 min30 de cuisson dès la première ébullition afin de favoriser la destruction de bactéries
- Débarrasser immédiatement la crème sur la plaque recouverte de film.
- La lisser.
- Filmer au contact.
- Mettre au frais

INGREDIENTS

POUR FRAISIER 20 CM

- 500 g de lait entier
- QS vanille liquide
- 100 g de sucre
- 40 g de maïzena
- 80 g de jaune d'oeuf

Ajout de beurre : en fin de cuisson pour lui donner plus de rondeur : 10% de la quantité de lait Ajout de chocolat : en fin de cuisson pour aromatiser : 20% de la quantité de lait.

TEMPS DE PRÉPARATION

- 10 min

ASTUCES

La crème pâtissière sert de base pour :

- Crème diplomate : CP + gélatine + crème fouettée
- Crème chiboust : CP + gélatine + meringue italienne
- Crème frangipane : CP + crème d'amandes
- Crème mousseline : CP + beurre

Ganache chocolat

INGREDIENTS

POUR TARTE 22 CM
- 250 g de crème liquide 30%
- 190 g de chocolat noir couverture
- 40 g de beurre
- 20 g de miel

Possibilité de parfumer les ganaches : café, épices, fruits...

TEMPS DE PRÉPARATION

- 10 min

ASTUCES

Pas les mêmes résultats de texture selon les chocolats Miel / glucose / sucre inverti ont des propriétés anticristallisantes permettant d'obtenir une ganache stable, homogène et plastique (meilleure tenue).

Ganache montée : ajout de crème froide émulsionnée puis passage au frigo et fouettée ensuite

INSTRUCTIONS

- Chauffer les pistoles de chocolat dans un cul de poule au bain marie
- Faire chauffer en même temps la crème et le beurre sans faire bouillir, dans une casserole
- Une fois le chocolat fondu et la crème chaude, verser la crème sur le chocolat en 3 fois en mélangeant délicatement
- Ne pas fouetter pour ne pas incorporer d'air jusqu'à ce que la ganache soit lisse et brillante.
- Il faut créer une émulsion, et pour qu'elle fonctionne il faut :
  - Aller vite
  - Verser la crème sur le chocolat et non l'inverse
  - Verser la crème en plusieurs fois
  - Ne pas incorporer d'air en utilisant le bout de la maryse
  - Ne pas mélanger trop longtemps sinon la ganache tranche
- Couler immédiatement dans le fond de tarte pour une tarte chocolat

Caramel

INGREDIENTS

POUR 12 ÉCLAIRS
- 200g de sucre semoule
- 20g d'eau
- 20g de glucose

TEMPS DE PRÉPARATION

- 10 min

INSTRUCTIONS

- Mettre dans une casserole : eau + sucre + glucose (évite la cristallisation)
- Chauffer sans mélanger
- Nettoyer régulièrement les bords avec un pinceau mouillé
- A l'obtention d'une belle coloration brune (environ 165-170°), retirer du feu et plonger le fond de la casserole dans un bain d'eau froide (pas trop longtemps pour ne pas faire durcir le caramel).

ASTUCES

Un caramel trop cuit sera amer. Choisir une casserole à fond épais pour éviter de brûler le caramel dès le début de cuisson. Ne pas mélanger durant la cuisson pour éviter de faire masser le caramel

Nappé/lissé	105/107°	Pâte de fruits, fruits confits, confitures, bonbons, liqueur.
Filet	110°	Fruits confits, gelées
Morve	113°	
Petit boulé	115/117°	Pâte d'amandes, fondant pâtissier, crème au beurre, meringue
Boulé	120/121°	Pâte d'amandes, fondant pâtissier, crème au beurre, meringue
Gros boulé	125/130°	Pâte d'amandes confiseur, caramels mous
Petit cassé	135/140°	Nougat tendre (Montélimart), bonbons caramel
Grand cassé	145/150°	Nougat sec, sucre rocher
Sucre d'orge, petit jaune	155°	Fruits déguisés, sucre filé, coulé, tiré
Caramel blond jaune	160°	Glaçage des choux, sucre tiré, coulé, soufflé
Caramel clair grand jaune	165°	Glaçage des choux, nougatine, praliné, caramel clair
Caramel	180° et +	Crème caramel, glace caramel, caramel liquide

Compote de pommes

INGREDIENTS

POUR TARTE 22 CM OU 5 CHAUSSONS

- 4 à 5 Pommes golden
- 40 g de sucre
- QS vanille ou cannelle
- QS beurre

TEMPS DE PRÉPARATION

- Prep 5 min
- Cuisson 15 min

INSTRUCTIONS

- Peler, épépiner et couper grossièrement les pommes
  Casserole : sucre + arômes au choix + noisette de beurre
  (option gourmande)
- Laisser mijoter à couvert et à feu doux 15 minutes en
  remuant de temps en temps Les pommes sont cuites,
  les écraser avec une fourchette ou les mixer (sauf si
  vous voulez garder les morceaux)
- Refroidir pour utilisation

Confiture

INGREDIENTS

- 1000g de fruits frais ou surgelés
- 800g de sucre cristal
- 10 à 15g de pectine NH de 1 à 1,5% du poids de fruits
- 100g de sucre cristal
- 10g de jus de citron

TEMPS DE PRÉPARATION

- 10 min

INSTRUCTIONS

- Mélanger la petite quantité de sucre avec la pectine.
- Réserver
- Mélanger les fruits coupés en morceaux avec le sucre
- Laisser maturer une nuit afin qu'ils rendent leur jus
- Dans une casserole, faire chauffer le mélange fruits et sucre.
- A ébullition, ajouter le mélange 100g de sucre et pectine
- Cuire à 104° en mélangeant à la spatule et vérifier la température avec un thermomètre à sucre.
- En fin de cuisson, ajouter le jus de citron
- Débarrasser en pots pour la vente directe
- Fermer et retourner les pots pour laisser refroidir.

Fondant pâtissier

INGREDIENTS

POUR 16 ÉCLAIRS
- 400g de fondant pâtissier
- QS sirop à brix 30 ou 60°
- QS extrait de café ou cacao

Si vous n'avez pas de sirop à brix : mélanger moitié sucre moitié eau, portés à ébullition puis refroidit

TEMPS DE PRÉPARATION

- Prep : 5 min
- Cuisson : 15 min

. . . .

INSTRUCTIONS

- Mettre le fondant dans une casserole pas trop grande (suffisamment pour plonger les éclairs)
- Mettre sur feu doux moyen sans rien ajouter (ne pas ajouter de sirop brix) : remuer régulièrement.
- La température du fondant ne doit pas excéder 34-35°
- Une fois cette température atteinte ajouter la quantité suffisante de sirop à brix : ajouter cuillère par cuillère pour détendre le fondant sans qu'il ne devienne liquide
- S'il s'agit d'un glaçage café ou chocolat, mettez l'extrait de café ou poudre de cacao avant le sirop, car cela modifie déjà la composition du fondant

ASTUCES

Si le fondant est terne en refroidissant c'est qu'il a dépassé 37° Chauffer le fondant au bain-marie est une perte de temps. Méthode du glaçage : trempage dans la casserole et finition au doigt : pencher la casserole à l'aide d'un chiffon. Autre méthode, à la spatule.

Sirop à 30° beaumé

INGREDIENTS

- 130g de sucre semoule
- 100g d'eau

TEMPS DE PRÉPARATION

- 2 min

INSTRUCTIONS

- Mettre dans une casserole : sucre + eau
  Mélanger pour dissoudre le sucre Porter à
  ébullition Ce sirop sert pour diverses
  préparations :
    - Refroidi et aromatisé d'alcool ou
      arôme : pour poncher des biscuits
    - Nappe les galette des rois et
      chaussons dès la sortie du four pour
      plus de brillance
    - Sert à réaliser une pâte à bombe par
      pochage
    - Détend le fondant pâtissier lors du
      glaçage d'éclairs/millefeuilles...

ASTUCES

Il est possible de le mettre dans une
bouteille en verre pour le conserver

Cuisson du sucre

INGREDIENTS

- 100g de sucre semoule
- 10g de sirop de glucose
- 35g d'eau

TEMPS DE PRÉPARATION

Dénomination habituelle	Degré Celsius au thermomètre	Degré Baumé au pèse-sirop
A la nappe	100°C	25°B
Petit lissé	103°C	29°B
Grand lissé	104°C	30°B
Petit perlé	105°C	33°B
Grand perlé	106°C	35°B
Petit boulé	109°C	37°B
Boulé	115°C	38°B
Petit cassé	129°C	39°B
Grand cassé	145°C	—
Caramel	165°C	—

INSTRUCTIONS

- Chauffer dans une casserole l'eau + le sirop de glucose.
- Ajouter le sucre semoule et cuire à la température indiquée dans le tableau ci-dessous selon la texture souhaitée
- Graisser le sucre pour éviter qu'il ne masse ou que le caramel ne se forme trop vite. Attention à ne jamais remuer avec un ustensile, car le sucre risque de masser. Faire plutôt avec un pinceau autour.

Glaçag e gélifié miroir

INGREDIENTS

POUR TARTE 22 CM OU 5 CHAUSSONS

- 38g d'eau
- 75g de sucre semoule
- 50g de lait concentré sucré
- 75g de sirop de glucose
- 6g de feuille gélatine
- 75g de chocolat de couverture blanc
- QS colorant

TEMPS DE PRÉPARATION

- 15 min

INSTRUCTIONS

- Hydrater les feuilles de gélatine dans de l'eau bien froide
- Dans une casserole : porter l'eau + le sucre + le sirop de glucose + le lait concentré à ébullition
- Faire fondre au bain-marie le chocolat de couverture blanc, sans dépasser les 45°
- Ajouter la gélatine essorée dans la première préparation et fouetter le tout.
- Verser le chocolat de couverture fondu.
- Mixer le mélange obtenu au mixeur plongeant en ajoutant le colorant souhaité
- Maintenir le glaçage au bain-marie à 30° jusqu'à utilisation

Glaçage noir brillant

INSTRUCTIONS

- Hydrater les feuilles de gélatine dans de l'eau bien froide.
- Dans une casserole, porter le lait + la crème liquide + le sirop 30° + le sirop de glucose à ébullition
- Faire fondre au bain-marie le chocolat de couverture noir et la pâte à glacer brune à 50°
- Ajouter la gélatine bien essorée dans la casserole avec le mélange lait, crème et sirops et fouetter le tout
- Verser sur le chocolat et la pâte à glacer fondus.
- Mixer le mélange au mixeur plongeant.
- Maintenir le glaçage au bain-marie à 30° jusqu'à utilisation

INGREDIENTS

- 85g de lait entier
- 65g de crème liquide
- 85g de sirop 30°
- 30g de sirop de glucose
- 4g de feuille gélatine
- 65g de chocolat de couverture noir
- 150g de pâte à glacer brune

TEMPS DE PRÉPARATION

- 15 min

WWW.OBJECTIFPATISSIER.FR

Frangipane

INSTRUCTIONS

- Réaliser la crème d'amande (voir recette)
- Réaliser la crème pâtissière (voir recette)
  Mélanger 1/3 de crème pâtissière et 2/3 de crème d'amandes

INGREDIENTS

- 1 recette de crème d'amande : 100g de beurre, 100g de sucre, 100g d'oeufs, 100g de poudre d'amandes
- 1 recette de crème pâtissière : 1L de lait, 250g de sucre, 80g de poudre à crème, 200g d'oeufs, 2 gousses de vanille

TEMPS DE PRÉPARATION

- 15 min

Meringue italienne

INGREDIENTS

POUR NAPPER UNE TARTE DE 22 CM

- 150g de blancs d'oeufs
- 100g d'eau
- 300g de sucre semoule

TEMPS DE PRÉPARATION

- 15 min

INSTRUCTIONS

- Mettre dans la cuve du robot muni d'un fouet : blancs d'oeufs (vous pouvez ajouter quelques gouttes de citron pour éviter qu'ils ne grainent)
- Mettre dans une casserole : eau + sucre: faire chauffer le sirop
- Quand le sirop atteint 115°, commencer à fouetter les blancs à vitesse moyenne
- Quand le sirop atteint 119/121°, retirer du feu, et le verser sur les blancs toujours en fouettant
- Augmenter la vitesse du robot au maximum et fouetter jusqu'à refroidissement complet.
- La meringue est prête quand elle forme un bec d'oiseau, elle fait le ruban.

ASTUCES

Différentes utilisations de la meringue :
- Faire cuire à 100/110° pendant 2 heures pour obtenir des meringues craquantes
- Réaliser des coques de macarons
- Recouvrir l'omelette norvégienne, bûche ou entremets
- Ajouté à la crème au beurre pour alléger celle-ci.

Meringue française

INGREDIENTS

- 250g de sucre semoule
- 240g de blanc d'oeuf
- 250g de sucre glace

TEMPS DE PRÉPARATION

- Prep: 10 min
- Cuisson : 2 à 3h

INSTRUCTIONS

- Monter les blancs et le sucre semoule au fouet jusqu'à ce qu'ils soient bien fermes
- Ajouter le sucre glace à la maryse
- Utiliser sans attendre pour les biscuits ou sur une plaque recouverte de papier cuisson pour réaliser des décors
- Cuire les décors au four à 90° pendant 2 à 3h

INGREDIENTS

- 400g de sucre semoule
- 150g de blanc d'oeuf

TEMPS DE PRÉPARATION

- Prep: 10 min
- Cuisson : 2 à 3h

Meringue suisse

INSTRUCTIONS

- Mélanger les blancs et le sucre semoule au fouet pour dissoudre les grains de sucre.
- Débuter le foisonnement au fouet en créant une mousse.
- Les blancs ne doivent pas être fermes.
- Chauffer les blancs mousseux au bain-marie à 50° jusqu'à ce que la meringue commence à devenir ferme et nacrée.
- A ce moment-là, continuer à monter au fouet hors du bain-marie jusqu'à refroidissement complet Utiliser immédiatement : pocher sur une plaque et enfourner pour 2 à 3h à 90°

Mousse Bavaroise

(AVEC CRÈME ANGLAISE)

INGREDIENTS

POUR ENTREMETS DE 20X4,5 CM
- 1 recette de crème anglaise
- 6g de gélatine en feuille
- 250g de crème liquide 30%

TEMPS DE PRÉPARATION

- Prep: 5 à 10 min
- Réfrigération : 4 à 5h

ASTUCES

Pour aromatiser :
- Vanille, tonka... incorporer dans le lait pour infuser au moment de la réalisation de la crème anglaise
- Chocolat : morceaux de chocolat dans la crème chaude
- Praliné, pistache, amandes, noisettes... dans le lait lors de la préparation de la crème anglaise puis filtré

Une crème trop montée risque de faire trancher la mousse au moment du mélange

INSTRUCTIONS

- Mettre la crème, la cuve et le fouet au frigo bien avant
- Tremper les feuilles de gélatine dans l'eau froide
- Réaliser une crème anglaise
- Ajouter à la crème anglaise, la gélatine essorée Chinoiser.
- Filmer au contact et mettre au frais 15 minutes jusqu'à 28/29° (remuer de temps en temps pour ne pas la gélifier)
- Monter la crème liquide en crème fouettée : pas trop montée
- Une fois la crème anglaise à 28/29°, verser une partie de la crème fouettée, fouetter vigoureusement
- Ajouter le reste de crème fouettée et mélanger délicatement cette fois pour ne pas faire retomber la préparation
- Utiliser immédiatement dans un entremet ou dans des verrines
- Réserver au frais 4 ou 5 heures

Bavaroise de fruits

INSTRUCTIONS

- Hydrater les feuilles de gélatine dans de l'eau bien froide
- Mettre dans une casserole la purée de fruits et porter à ébullition
- Blanchir les jaunes d'oeuf et le sucre semoule au fouet
- Ajouter le mélange jaunes d'oeufs et sucre à la purée de fruits chaude et cuir à la nappe.
- Chinoiser le mélange obtenu et débarrasser dans un cul de poule
- Ajouter la gélatine essorée puis mélanger au fouet et laisser refroidir à 23°C
- Monter au fouet la crème liquide bien froide jusqu'à l'obtention d'une crème mousseuse
- Quand la purée de fruits est à bonne température, ajouter la crème mousseuse à la maryse.

INGREDIENTS

POUR TARTE 22 CM
- 250g de purée de fruits
- 30g de sucre semoule
- 40g de jaune d'oeuf
- 8g de gélatine
- 150g de crème liquide

TEMPS DE PRÉPARATION

- 5 À 10 min

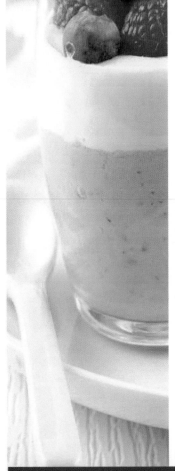

Mousse de fruits

INGREDIENTS

POUR TARTE 22 CM OU 5 CHAUSSONS

- 250g de purée de fruits
- 30g de sucre semoule
- 8g de gélatine
- 150g de crème liquide
- 75g de meringue italienne

TEMPS DE PRÉPARATION

- 10 min

INSTRUCTIONS

- Hydrater les feuilles de gélatine dans de l'eau bien froide
- Porter à ébullition dans une casserole la purée de fruits et le sucre semoule.
- Débarrasser dans un cul de poule et ajouter la gélatine essorée. Mélanger au fouet et chinoiser
- Refroidir sur glace en remuant de temps en temps jusqu'à l'obtention d'une température de 23°C
- Monter au fouet la crème liquide bien froide jusqu'à ce qu'elle soit mousseuse
- Quand la purée de fruits collée est à la bonne température, ajouter la crème mousseuse et la meringue italienne au préalablement réalisée, à la maryse

Coulis gélifié

INGREDIENTS

- 200g de purée de fruits
- 60g de sucre semoule
- 6g de gélatine

TEMPS DE PRÉPARATION

- 10 min

INSTRUCTIONS

- Hydrater les feuilles de gélatine dans de l'eau bien froide
- Chauffer dans une casserole la purée de fruits et le sucre jusqu'à ébullition
- Ajouter la gélatine essorée et mélanger au fouet
- Couler dans un moule à insert ou un cercle à entremets filmé
- Bloquer au froid négatif -18° pour pouvoir ensuite l'utiliser en insert dans les entremets, les bûches, les tartes... et pouvoir plus facilement le manipuler

ASTUCES

Pour aromatiser :
- Vanille, tonka... incorporer dans le lait pour infuser au moment de la réalisation de la crème anglaise
- Chocolat : morceaux de chocolat dans la crème chaude
- Praliné, pistache, amandes, noisettes... dans le lait lors de la préparation de la crème anglaise puis filtré

Une crème trop montée risque de faire trancher la mousse au moment du mélange

Mousse au chocolat / Pâte à bombe

INGREDIENTS

- 120g de jaune d'oeuf
- 60g de sucre semoule
- 20g d'eau
- 200g de chocolat noir de couverture
- 400g de crème liquide

TEMPS DE PRÉPARATION

- 10 min

INSTRUCTIONS

- Réaliser un sucre au boulé
- Faire fondre au bain-marie le chocolat de couverture.
- Quand le sucre est à 121°C, le verser en filet sur les jaunes d'oeufs et fouetter à la main ou au batteur jusqu'à refroidissement.
- On appelle ça l'appareil à bombe.
- Monter au fouet ou au batteur la crème liquide bien froide jusqu'à ce qu'elle soit mousseuse.
- Mélanger l'appareil à bombe délicatement avec le chocolat de couverture fondu à l'aide d'une maryse, puis ajouter la crème mousseuse.
- Lisser avec le fouet.
- La mousse chocolat pâte à bombe est prête.

Nougatine

INSTRUCTIONS

- Chauffer les amandes effilées au four à 150° environ 15 minutes sur un tapis de cuisson.
- Bien surveiller pour qu'elles soient juste chaudes, mais pas colorées
- Porter à ébullition dans une casserole le glucose + l'eau
- Ajouter le sucre
- Quand le caramel commence à avoir une couleur claire, ajouter les amandes chaudes et mélanger délicatement à la spatule.
- Verser ensuite le mélange sur un tapis de cuisson.
- Abaisser finement la nougatine puis détailler tout de suite les formes souhaitées au couteau de tour ou à l'emporte-pièce, car la nougatine va très vite refroidir et donc se durcir.
- Si la nougatine est devenue trop dure, enfourner-là quelques secondes pour qu'elle ramollisse

INGREDIENTS

- 10g d'eau
- 200g de sirop de glucose
- 200g de sucre semoule
- 120g d'amandes effilées

TEMPS DE PRÉPARATION

- 10 min

LES PÂTES
ET BISCUITS

Toutes les pâtes que vous retrouverez dans différentes pâtisseries.

- Pâte sucrée
- Pâte sablée
- Pâte brisée (pâte à foncer)
- Pâte à choux
- Pâte feuilletée
- Pâte levée (brioche)
- Pâte levée feuilletée
- Biscuit génoise
- Biscuit cuillère
- Biscuit Joconde
- Dacquoise
- Succès Noisette
- Biscuit chocolat sans farine
- Macaron
- Pâte à crumble ou craquelin
- Croustillant praliné chocolat
- Croustillant fruits secs

LES PÂTES ET BISCUITS

POUR LA PÂTE FEUILLETÉE...

Lorsqu'on parle de pâte feuilletée on parle de galette des Rois, chaussons aux pommes ou encore dartois et du fameux mille-feuilles !

Quelques choses à savoir...

- Le beurre utilisé est en fait un beurre de tourage (ou éventuellement de la margarine à plus de 80% de MG). C'est une matière grasse sèche qui contient moins d'eau que le beurre habituel, ce qui facilite le tourage.
- La farine utilisée est une farine T55 qui a une faible teneur en gluten et permet d'avoir une détrempe souple, qui se rétractera moins lors du tourage. Elle permet de simplifier le travailler.

POUR LA PÂTE LEVÉE...

Lorsqu'on parle de pâte levée, on parle des brioches ou des pains au lait !

Quelques choses à savoir...

- Il sera important de réguler la température de vos matières liquides en fonction de l'environnement dans lequel vous vous trouvez. En effet, la température du liquide (oeufs, lait, eau...) permet de limiter ou activer l'activité de la levure. Lorsqu'il fait chaud, il faut utiliser un liquide très froid et lorsqu'il fait froid, utiliser un liquide tiède. Le jour de l'examen, vous vous trouverez probablement dans un endroit où il fait très chaud !
- Utiliser une farine de type T45, qui est riche en protéines afin que votre pâte ait suffisamment de corps et ait une belle tenue.
- La levure : bien utiliser de la levure biologique, que vous émietterez grossièrement et recouvrirez entièrement de farine. Notez bien que la levure ne doit pas être en contact direct avec le sucre ni le sel, car cela pourrait la faire "mourir" et lui faire perdre une partie de sa fermentation.
- Le beurre : contrairement au beurre de tourage, vous devrez utiliser un beurre à bas point de fusion, c'est à dire avec un pourcentage de matières grasses supérieur à 83%. Il faudra qu'il soit pommadé pour que son incorporation à la pâte soit plus efficace et rapide.
- Vous devrez contrôler régulièrement la température de votre pâte qui devra avoir une température idéale de 24°C.

POUR LA PÂTE LEVÉE FEUILLETÉE...

Croissants, pains au chocolat et pains aux raisons... ils nous en font voir de toutes les couleurs !
Mais pas de stress... une seule et même méthode est à acquérir !
Commencer au préalablement par la pâte feuilletée qui est une méthode un peu plus simple à acquérir pour commencer. La pâte levée feuilletée est en effet un peu plus délicate à manipuler, car plus fragile.

Quelques astuces à connaître :

- Même principe que pour la pâte levée : Il sera important de réguler la température de vos matières liquides en fonction de l'environnement dans lequel vous vous trouvez. En effet, la température du liquide (oeufs, lait, eau...) permet de limiter ou activer l'activité de la levure.

LES PÂTES ET BISCUITS

Lorsqu'il fait chaud, il faut utiliser un liquide très froid et lorsqu'il fait froid, utiliser un liquide tiède. Le jour de l'examen, vous vous trouverez probablement dans un endroit où il fait très chaud !

- Utiliser la moitié en farine T55 (faible teneur en protéines) et moitié farine T45 (riche en protéines) afin d'avoir une pâte qui aura suffisamment de tenue, mais qui pourra bien se développer lors de la cuisson.
- La levure : bien utiliser de la levure biologique, que vous émietterez grossièrement et recouvrirez entièrement de farine. Notez bien que la levure ne doit pas être en contact direct avec le sucre ni le sel, car cela pourrait la faire "mourir" et lui faire perdre une partie de sa fermentation.
- Le beurre : vous pourrez cette fois ci utiliser soit du beurre soit de la margarine de tourage. Noter bien que l'utilisation de margarine de tourage permet d'avoir un tourage plus simple, car une pâte plus élastique, mais l'utilisation de beurre donnera des viennoiseries plus goûteuses !
- Vous devrez contrôler régulièrement la température de votre pâte qui devra avoir une température idéale de 24°C.

POUR LA PÂTE À CHOUX...

Lorsque vous travaillez la pâte à choux, il est important de préparer au préalable votre plaque de cuisson et votre matériel pour pouvoir ensuite coucher immédiatement lorsqu'elle est prête. En effet, c'est une pâte un peu capricieuse qui redescend très rapidement et qui a donc besoin d'être enfournée rapidement !

Pour la préparation :
- Une plaque graissée (vaporiser du spray graissant et essuyer à l'aide d'un sopalin) ou tapissée d'une feuille sulfurisée.
- Des empreintes marquées à l'aide d'un gabarit trempé dans de la farine

PRODUITS	LONGUEUR	LARGEUR
Chouquette	Cercle de 3 cm	
Eclair	14 cm	3 cm
Religieuse (tête)	Cercle de 3 cm	
Religieuse (corps)	Cercle de 5 ou 6 cm	
Gland	9 cm	0 à 4 cm
Salambo	9 cm	4 cm
Paris-Brest	Cercle de 7 cm	

Pâte sucrée

INGREDIENTS

POUR TARTE 22 CM
- 200 g de farine T55
- 100 g de beurre mou
- 80 g de sucre glace
- 40 g d'oeufs
- 2 g de sel

TEMPS DE PRÉPARATION

- Prep: 5 à 10 min
- Repos : 30 min mini

ASTUCES

On peut remplacer 50g de farine par 50g de poudre d'amandes (torréfiée) mêmes ingrédients que la pâte sablée, mais pas les mêmes proportions Pâte cuite à blanc pour plus de friabilité

INSTRUCTIONS

• MÉTHODE PAR CRÉMAGE

Cuve robot feuille : beurre + sucre glace Crémer. Ajouter l'oeuf + la farine + le sel : mélanger vitesse lente pas longtemps pour ne pas corser la pâte Fraiser, rassembler, filmer au contact et mettre eu frais 30 minutes minimum

• MÉTHODE PAR SABLAGE

Cuve robot feuille : farine + sel + sucre glace + beurre : sabler en mélangeant vitesse lente. Ajouter l'oeuf : mélanger vitesse lente, mais pas longtemps Fraiser, rassembler, filmer au contact et mettre au frais 30 minutes minimum

• MÉTHODE MANUELLE

Tamiser la farine + le sucre glace directement sur le tour. Former une fontaine et y mettre le beurre en morceaux. Sabler le mélange puis reformer une fontaine. Ajouter l'oeuf + le sel mélangés avant. Mélanger sans corser ni pétrir la pâte

Pâte sablée

INGREDIENTS

POUR TARTE 22 CM

- 250 g de farine
- 4 g de sel
- 70 g de sucre glace
- 20 g de jaune d'oeuf
- 125 g de beurre mou en morceaux

TEMPS DE PRÉPARATION

- Prep : 5 à 10 min
- Repos : 30 min mini

ASTUCES

Même méthode que la pâte sucrée, mais pas les mêmes proportions

INSTRUCTIONS

MÉTHODE PAR SABLAGE

Cuve robot feuille : farine + sel + sucre glace + beurre : sabler en mélangeant vitesse lente. Ajouter l'oeuf : mélanger vitesse lente, mais pas longtemps Fraiser, rassembler, filmer au contact et mettre au frais 30 minutes minimum

MÉTHODE MANUELLE

Sabler avec les mains la farine + le sel + le sucre glace + le beurre Faire une fontaine et y verser l'oeuf Fraiser, rassembler, filmer au contact et mettre au frais 30 minutes minimum

INGREDIENTS

POUR TARTE 22 CM

- 250 g de farine
- 65 g d'eau (pouvant être remplacée par un jaune d'oeuf)
- 4 g de sel
- 125 g de beurre tempéré

TEMPS DE PRÉPARATION

- Prep: 5 à 10 min
- Cuisson : 20 min à blanc
- Repos : 30 min mini

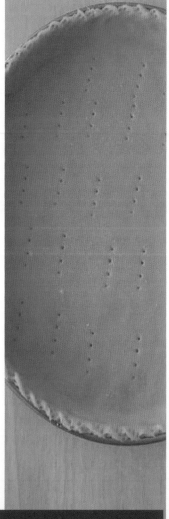

Pâte brisée

(PÂTE À FONCER)

INSTRUCTIONS

MÉTHODE PAR SABLAGE

Cuve robot feuille : farine + sel + beurre en morceaux (+sucre selon les recettes) Sabler en mélangeant vitesse lente jusqu'à l'obtention d'un aspect de sable Ajouter l'oeuf + l'eau (parfois recette sans eau, on remplace l'eau par un jaune d'oeuf). Mélanger vitesse lente, mais pas longtemps. Fraiser, rassembler, filmer au contact et mettre au frais 30 minutes minimum

MÉTHODE MANUELLE

Tamiser la farine sur le tour. Ajouter le beurre. Sabler du bout des doigts Mélanger le sel + l'eau et les incorporer dans un puit. Mélanger, mais pas trop.

ASTUCES

La pâte est souple grâce au beurre, peu friable, car pas ou peu de sucre et gonfle grâce à l'eau. Ajouter un peu d'eau (bassiner) si la pâte semble sèche ou un peu de farine (contrefraser) si elle semble au contraire un peu trop humide).

Pâte à choux

INSTRUCTIONS

- Casserole : eau + sel + beurre en morceaux (+ sucre selon les recettes)
- Feu doux moyen : pour faire fondre le beurre puis fort pour ébullition au dernier moment
- Retirer du feu et jeter la farine en une seule fois
- Mélanger à la spatule énergiquement : plus de traces de farine = la Panade Remettre sur feu doux et mélanger à la spatule 20 secondes à 1 min jusqu'à ce que la pâte soit suffisamment desséchée : quand elle ne colle plus à la casserole ni à la spatule.
- Verser la panade dans la cuve du robot avec la feuille.
- Faire tourner jusqu'à ce qu'il n'y ait plus de vapeur.
- Incorporer les oeufs petit à petit en mélangeant à vitesse moyenne.
- La pâte est prête quand elle est brillante, lisse et fait le ruban.
- Vérifier avec le dos d'une cuillère.

INGREDIENTS

POUR 16 À 18 ÉCLAIRS OU 12 À 14 SALAMBOS OU 16 PARIS BREST INDIVIDUELS
- 250 g d'eau (ou 125g d'eau + 125g de lait)
- 100 g de beurre en morceaux
- 5 g de sel
- 150 g de farine
- 200 à 250g d'oeufs entiers

TEMPS DE PRÉPARATION
- 20 min

DRESSAGE

- Mettre dans une poche à douille, stocker à +4°C ou dresser
- Veillez à préparer la plaque avec les gabarits avant la préparation de la pâte à choux pour pouvoir dresser immédiatement

Produits	Longueur	Largeur	Douille dressé	Douille garnir
Éclairs	14 cm	3 cm	PF 14	Unie 10
Religieuse (corps)	Cercle de 5 ou 6 cm		Unie 12	Unie 10 et A8 pour
Religieuse (tête)	Cercle de 3 cm		Unie 10	crème au beurre
Salambo	9 cm	4 cm	PF 14	Unie 10
Gland	9 cm	De 4 à 0 cm	PF 14	Unie 10
Chouquette	Cercle de 3 cm		PF 14 ou Unie 10	
Paris Brest	Cercle de 7 cm		PF 14	E8 pour mousseline

- Mettre dans une poche à douille, stocker à +4°C ou dresser

ASTUCES

- Pâte à choux à base d'eau + lait : plus moelleuse et goûtue, plus lourde, mais croûte + épaisse et colorée
- Pâte à choux à base d'eau : plus sèche et plus légère, mais se conserve mieux
- Ne surtout pas ouvrir le four à la cuisson pour ne pas faire retomber la pâte
- Poids oeufs = poids liquide
- Possible de congeler la pâte : la dresser encore tiède dans des moules demi-sphère en silicone de 3 cm pour les petits choux et de 4,5 ou 5 cm pour les gros choux avant de les congeler.
- Le jour d'utilisation, démouler les choux, les laisser revenir à température ambiante sur une plaque de cuisson recouverte d'un tapis silpat ou papier cuisson, poser craquelin, cuire. Bonne méthode pour avoir des choux très réguliers.

Pâte feuilletée

INGREDIENTS

POUR 5 CHAUSSONS, 10 MILLEFEUILLES, 1 GALETTE DES ROIS DE 22 CM :

- 300 g de farine
- 6 g de sel
- 150 g d'eau
- 225 g de matière grasse de tourage

TEMPS DE PRÉPARATION

- 2h30 avec 4x30 min de repos

INSTRUCTIONS

DÉTREMPE

- Cuve robot crochet : farine + sel + eau + 10% de matière grasse de tourage fondue, mais refroidie
- Battre sans excès jusqu'à une détrempe homogène
- Etaler la détrempe en forme rectangulaire Filmer au contact et mettre au frais 30 minute minimum
- Préparer la matière grasse de tourage : l'envelopper dans un papier sulfurisé et taper dessus au rouleau pour l'élasticité

BEURRER LA DÉTREMPE

- Fleurer le plan de travail et y poser la détrempe froide
- L'étaler pour qu'elle soit aussi haute et 2 fois plus large que la matière grasse
- Il faut aussi qu'elle ait la même consistance P
- lacer la matière grasse au centre de la détrempe et rabattre les deux côtés de la détrempe sur la matière grasse

INSTRUCTIONS

TOURAGE DE LA PÂTE FEUILLETÉE

- Fleurer le plan de travail Réaliser les 2 premiers tours simples l'un après l'autre, retirer l'excédent de farine à la brosse, marquer la pâte de 2 trous avec les doigts et placer au frais 30 minutes minimum
- Sortir du frigo et réaliser à nouveau 2 tours simples, retirer l'excédent de farine, marquer de 4 trous, mettre au frais 30 minutes minimum
- Sortir du frigo et réaliser à nouveaux 2 tours simples, retirer l'excédent de farine, marquer de 6 trous, mettre au frais 30 minutes minimum
- La pâte est prête : pâte feuilletée à 6 tours

ASTUCES

Pour un gain de temps : gain de 30 minutes à l'examen
1) Un tour double + un simple (froid 30 minutes)
2) Un tour simple + un double (froid 30 minutes)
Pâte molle ou qui colle : pièce trop chaude beurre qui s'échappe : vous appuyez trop ou beurre et pâte pas à la même consistance

Pâte levée feuilletée

INGREDIENTS

- 500 g de farine T45 ou gruau
- 10 g de sel fin
- 50 à 60 g de sucre semoule
- 250 g d'eau (ou 125 g d'eau + 125 g de lait)
- 20 g de levure biologique fraîche
- 350 g de beurre de tourage

TEMPS DE PRÉPARATION

- 20 min

INSTRUCTIONS

DÉTREMPE

- Mettre dans l'ordre : eau bien froide + sel + sucre + farine tamisée + levure émiettée
- Frasage : mélanger les ingrédients dans le batteur vitesse 1 pour obtenir un mélange homogène (2 à 3 min)
- Augmenter la vitesse sur moyen élevé (mais pas maximum) et pétrir jusqu'à l'apparition du « voile"

POINTAGE : 1ÈRE ÉTAPE DE FERMENTATION DE LA PÂTE

- A l'examen, autorisé à laisser pointer la pâte au frigo 30 minutes

TOURAGE

- Etaler la détrempe en carré et poser le carré de beurre tapé au préalable, en losange. L'enfermer dans la détrempe
- Effectuer 1 tour simple : étaler la pâte d'une longueur 3 fois plus grande que la largeur.
- En pliant en 3 on obtient un carré.
- Repos 30 minutes au frais le plus bas possible dans le frigo.

INSTRUCTIONS

TOURAGE SUITE

- Effectuer 1 tour double : étaler la pâte d'une longueur 4 fois plus grande que la largeur. En pliant en 4 on obtient un carré.

DÉTAILLAGE

- Abaisser de 3,5mm et sur 60x40cm
- Diviser en 2 pour avoir 2 abaisses de 30x40 cm
- Réserver une des abaisses au frais
- Détailler les croissants, pains au chocolat, pains aux raisins

APPRÊT : SECONDE ÉTAPE DE FERMENTATION

- Temps : 1h30 à 2h à température de 28°C

CUISSON

- Dorer au pinceau
- Enfourner 12 à 15 minutes à 180°C en four ventilé, ou 15 à 20 minutes à 220°C en four à sole

WWW.OBJECTIFPATISSIER.FR

Pâte à brioche

INGREDIENTS

PÂTE DE 550G POUR 1 GRANDE TRESSE À 3 BRANCHES DE 30 CM + 4 MINI DE 12CM OU 1 NANTERRE À 5 BOULES DE 60G + 5 BOULES AU SUCRE DE 50G OU 11 BRIOCHES TÊTE OU BOULES AU SUCRE DE 50G

- 250 g de farine de gruau
- 30 g de sucre
- 5 g de sel
- 10 g de levure fraîche
- 150 g d'oeufs entiers
- 125 g de beurre tempéré en morceaux

TEMPS DE PRÉPARATION

- Prep : 1h30 à 2h (avec pousse)
- Cuisson : selon la pièce, 12 à 25 minutes

INSTRUCTIONS

Mettre tous les ingrédients au froid pendant 10 minutes avant de démarrer pour commencer avec une faible température.

PÉTRISSAGE

- Cuve robot : tous les ingrédients sauf le beurre : ne pas mettre en contact direct la levure avec le sel ni le sucre
- Pétrir vitesse 1 pendant 10 min au crochet (augmenter à vitesse moyenne en cours)
- Après, ajouter le beurre tempéré en morceaux et pétrir vitesse moyenne pendant 10 min (la pâte se décolle)
- Corner, bouler la pâte et placer dans un saladier recouvert de film

POINTAGE

- Pointer à 26° pendant 45 min à 1h : la pâte double de volume
- Rompre la pâte qui doit revenir à son volume avant pointage
- Filmer et réserver au frais 1h30 mini

FAÇONNAGE
- Détailler avec un coupe-pâte selon la brioche souhaitée
- Bouler dans le creux de la main sur la surface du plan de travail
- Placer au frais quelques minutes si la pâte chauffe trop
- Préchauffer le four
- Façonner les brioches souhaitées

APPRÊT
- Dorer à l'oeuf entier et apprêter en étuve 1h30 à 2h à 26°

ENFOURNEMENT
- Dorer une 2ème fois et enfourner 160° en four ventilé 15 à 30 minutes
- Réserver sur une grille

ASTUCES

- Hors examen, ne pas hésiter à réaliser la pâte la veille
- Si la pousse est trop longue, la brioche retombera à la cuisson
- Divers arômes possibles 2 minutes avant la fin du pétrissage :
  - Pépites chocolat
  - Pralines roses
  - Fruits secs

Parfums avant l'ajout du beurre : fève de tonka râpée, vanille liquide…

Biscuit génoise

INGREDIENTS

- 200 g d'oeufs
- 125 g sucre semoule
- 125 g de farine

TEMPS DE PRÉPARATION

- Prép : 15 min
- Cuisson : 20 min

ASTUCES

Pour une génoise au cacao, retirer une partie de la farine et la remplacer par du cacao non sucré

INSTRUCTIONS

- Four à 180°C Cuve robot : oeufs + sucre Fouetter au bain marie jusqu'à une température de 45-50°
- Retirer du feu et mettre la cuve sur son socle
- Fouetter à grande vitesse jusqu'à ce que l'appareil refroidisse et forme un ruban
- Tamiser la farine
- Une fois l'appareil refroidit incorporer la farine en 2 fois en mélangeant délicatement
- Verser la pâte aux deux tiers du cercle, car elle va prendre du volume à la cuisson
- Cuire 180°C pendant 20 minutes
- Décercler
- Réserver sur une grille

Biscuit cuillère

INSTRUCTIONS

- Four à 200°C
- Préparer les plaques pour dresser la cartouchière et les disques de biscuit cuillère
- Monter les blancs dans la cuve du batteur en versant le sucre semoule au fur et à mesure en même temps que la vitesse du robot augmente.
- Les blancs deviennent bien brillants et montés.
- Il faut éviter de les monter trop vite pour qu'ils restent bien fermes et soient de meilleure qualité
- Verser les jaunes en une seule fois et laisser tourner le batteur 3 à 4 secondes maximum à petite vitesse.
- Si l'appareil est trop mélangé il retombera à la cuisson.
- Verser la farine tamisée en une fois et mélanger délicatement à la maryse
- Mettre le mélange dans une poche avec douille unie 10
- Dresser rapidement sur la plaque pour ne pas qu'il retombe

INGREDIENTS

- 150 g de blancs d'oeufs
- 125 g de sucre
- 100 g de jaune d'oeuf
- 125 g de farine T55
- QS de sucre glace

TEMPS DE PRÉPARATION

- Prép : 30 min
- Cuisson : 10 à 15 min

- Saupoudrer le sucre glace 2 fois à 5 min d'intervalle (absorption + croûte) Cuire 10 à 15 minutes à 200°.
- Si le biscuit craque à la cuisson c'est que la température est trop élevée. R2server sur grille

Biscuit Joconde

INSTRUCTIONS

- Four à 190/200°C
- Tamiser la farine et couper le beurre en morceaux
- Préparer un beurre noisette
- Monter les blancs au fouet et les serrer avec le sucre pour qu'ils soient bien fermes.
- Mélanger les 75g de poudre d'amande et les 75g de sucre en poudre puis ajouter les oeufs et le beurre noisette Incorporer les blancs fermes puis la farine tamisée à la maryse sans faire retomber le biscuit
- Etaler le biscuit sur la plaque et cuire 8 à 10 minutes jusqu'à ce qu'il soit légèrement doré et encore moelleux

INGREDIENTS

- 60g de blanc d'oeuf
- 10g de sucre semoule
- 100g d'oeufs
- 75g de sucre en poudre
- 75g de poudre d'amande
- 20g de farine T55
- 15g de beurre

TEMPS DE PRÉPARATION

- 30 min

Dacquoise

INGREDIENTS

- 90g de blancs d'oeuf
- 15g de sucre cassonade
- 40g de sucre semoule
- 70g de sucre glace
- 70g de poudre d'amande
- 15g de farine T55

TEMPS DE PRÉPARATION

- 30 min

INSTRUCTIONS

- Four à 190/200°C
- Tamiser la farine
- Monter les blancs et les serrer avec un mélange de sucre semoule et de cassonade pour qu'ils soient bien fermes.
- Mélanger le sucre glace avec la poudre d'amande.
- Ajouter ce mélange délicatement à la meringue à l'aide d'une maryse en faisant en sorte de ne pas faire retomber le biscuit.
- Etaler sur la plaque et cuire 7 à 10 min jusqu'à obtenir un biscuit encore moelleux et légèrement doré

Succès Noisette

INGREDIENTS

- 150g de sucre glace
- 150g de poudre de noisette
- 30g de fécule
- 90g de blanc d'oeuf
- 20g de sucre semoule

TEMPS DE PRÉPARATION

- 30 min

INSTRUCTIONS

- Four à 190/200°C
- Mélanger les 150g de sucre glace avec les 150g de poudre de noisette puis tamiser le tout.
- Monter les blancs en les serrant avec le sucre
- Incorporer délicatement à la meringue le mélange sucre glace/poudre de noisette tamisé + la fécule à l'aide d'une maryse en veillant à ne pas faire retomber le biscuit.
- Etaler le biscuit sur une plaque et cuire 7 à 10 minutes jusqu'à l'obtention d'un biscuit légèrement doré et encore moelleux

Biscuit chocolat sans farine

INGREDIENTS

- 100g de chocolat de couverture à 55%
- 30g de beurre
- 50g de pâte d'amande crue 50%
- 20g de jaune d'oeuf
- 90g de blanc d'oeuf
- 45g de sucre semoule

TEMPS DE PRÉPARATION

- 15 min

INSTRUCTIONS

- Four à 180° Faire fondre au bain-marie le chocolat de couverture et le beurre à 50°
- Monter les blancs et les serrer avec le sucre
- Mélanger au batteur la pâte d'amande et les jaunes d'oeufs puis ajouter le chocolat et le beurre fondu
- Incorporer les blancs montés à la maryse sans faire retomber le biscuit
- Etaler le biscuit sur une plaque et cuire 8 à 10 minutes
- Le biscuit doit rester moelleux

INGREDIENTS

- TPT : 240g de sucre glace + 240g de poudre d'amande
- 90g de blanc d'oeuf (partie 1)
- 240g de sucre semoule
- 60g d'eau
- 80g de blanc d'oeuf (partie 2)
- QS colorant en poudre

TEMPS DE PRÉPARATION

- 30 min

Macaron

. . . .

INSTRUCTIONS

- Four à 140°C
- Mélanger le tant pour tant (TPT) : 240g de sucre glace et les 240g de poudre d'amande.
- Tamiser
- Mélanger les 90g de blancs d'oeufs liquides et le mélange tamisé précédent, à l'aide d'une maryse.
- Cuire le sucre semoule et l'eau au boulé et réaliser une meringue italienne
- Refroidir la meringue en continuant de la fouetter 1 à 2 minutes puis l'incorporer au mélange précédent.
- Macaronner à l'aide d'une maryse et colorer selon les besoins et envies
- Mettre l'appareil en poche avec une douille unie.
- Dresser les coques sur une plaque recouverte d'un tapis de cuisson
- Laisser croûter 10 minutes à température ambiante jusqu'à ce que la surface des coques ne colle plus aux doigts.
- Cuire 12 minutes environ.

Pâte à crumble ou craquelin

INSTRUCTIONS

- Tamiser la farine
- Couper le beurre en petits morceaux
- Sabler la farine + le beurre + le sel + la cassonade du bout des doigts
- Former une boule pour s'assurer que le mélange est homogène
- Fraser cette boule
- Pour le craquelin : abaisser la pâte entre deux feuilles sulfurisées.
- Mettre la pâte au froid négatif à -18° pendant 10 min pour qu'elle durcisse et ne colle plus à la feuille.
- Détailler la pâte toujours congelée à l'emporte pièce selon les besoins et disposer tout de suite sur la pâte à choux par exemple.
- Pour le crumble : émietter la pâte sur une plaque recouverte d'un tapis cuisson.
- Enfourner au four à 180°C jusqu'à l'obtention d'une coloration dorée ou répartir le crumble émietté cru sur la préparation de fruits crus et enfourner.

INGREDIENTS

- 100g de beurre
- 125g de cassonade
- 125g de farine T55
- 3g de fleur de sel

TEMPS DE PRÉPARATION

- 5 min

Croustillant praliné chocolat

INGREDIENTS

- 50g de praliné amande noisette
- 5g de beurre
- 50g de feuilletine/pailleté feuilletine
- 50g de chocolat de couverture au lait

TEMPS DE PRÉPARATION

- 10 min

INSTRUCTIONS

- Faire fondre au bain-marie le praliné et le chocolat de couverture avec le beurre.
- Mélanger à la maryse
- Ajouter la feuilletine et mélanger pour obtenir un appareil souple
- Abaisser le mélange entre deux feuilles de papier sulfurisé sur une épaisseur de 3mm environ ou étaler dans le cercle à pâtisserie directement
- Bloquer au froid négatif à -18°C pour ensuite pouvoir découper selon les formes souhaitées

Croustillant fruits secs

INGREDIENTS

- 60g de chocolat de couverture blanc
- 30g de riz soufflé
- 30g de raisins blonds secs
- 30g de noix de coco râpée

TEMPS DE PRÉPARATION

- 10 min

INSTRUCTIONS

- Faire fondre au bain-marie le chocolat de couverture blanc sans dépasser 45°
- Torréfier la noix de coco râpée au four à 180°C sur un tapis de cuisson jusqu'à l'obtention d'une coloration dorée
- Mélanger le riz soufflé + les raisins secs + la noix de coco râpée torréfiée
- Verser sur le chocolat fondu et mélanger
- Abaisser le mélange entre deux feuilles de papier sulfurisé sur environ 3mm
- Bloquer au froid négatif -18° pour pouvoir détailler ensuite selon la forme souhaitée

Bien sûr, il est possible de choisir d'autres fruits secs (noix, noisettes, pécan...), des céréales (maïs, blé soufflé, avoine...) et autres chocolats...

LES TARTES ET LES QUICHES

Voici plusieurs recettes de tartes afin de vous permettre de réaliser différentes techniques.
Il est important de noter que vous ne tomberez pas forcément exactement sur les tartes comprises dans ces fiches, mais si vous arrivez à toutes les réaliser, vous n'aurez aucun mal à réaliser celle sur laquelle vous tomberez le jour de l'examen !

- Tarte alsacienne
- Tarte aux fraises
- Tarte aux pommes
- Tarte bourdaloue
- Tarte au chocolat
- Tarte au citron meringuée
- Flan
- Quiche

LES TARTES ET LES QUICHES

Quelques points qu'il est important de comprendre...
• Les pâtes sont souples grâce au beurre
• Plus elles possèdent de sucre, plus elles sont friables, idem pour le jaune d'oeuf
• Elles gonflent à la cuisson grâce à l'eau qui s'évapore
• On peut remplacer l'eau par un jaune d'oeuf (ce qui apporte davantage de friabilité)

Quelle différence entre la méthode par sablage et la méthode par crémage ?
La méthode par sablage signifie que l'on va sabler la farine avec le beurre.

La méthode par crémage (ou par émulsion) signifie que l'on va crémer le beurre avec le sucre.

Vous aurez le choix d'utiliser la méthode que vous préférez, sauf si la méthode est imposée dans la recette demandée, mais c'est rarement le cas. La méthode par crémage permet d'obtenir une pâte un peu plus fine et très friable et donc très cassante, plus difficile à travailler... Mais personnellement, c'est cette méthode que je préfère !

On réalise les pâtes à foncer uniquement avec la méthode par sablage, mais pour les autres pâtes, vous êtes libre de choisir !

Tarte Alsacienne

INSTRUCTIONS

- Réaliser une pâte brisée, l'abaisser sur 2/3 mm, foncer le cercle à tarte graissé, piquer.
- Réserver au frais
- Eplucher les pommes, les épépiner, les couper en gros quartiers et le citronner
- Disposer les pommes sur le fond de tarte froid Préchauffer le four à 180°C
- Réaliser une recette d'appareil à crème prise et ajouter dans le cercle à tarte (ne pas en mettre trop pour qu'elle ne déborde pas à la cuisson)
- Enfourner 35 à 40 min
- Décercler et réserver sur grille
- Une fois la tarte refroidie, saupoudrer de sucre glace

INGREDIENTS

POUR TARTE 22 CM :
- 1 recette de pâte brisée
- 600g de pommes golden
- 1/2 citron
- QS de sucre glace

Appareil à crème prise :
2 oeufs entiers
1 jaune d'oeuf
200 g de lait
100 mL de crème double
Extrait de vanille

TEMPS DE PRÉPARATION

- Prep : 1h
- Cuisson : 35 à 40 min

Tarte aux fraises

INGREDIENTS

POUR TARTE 22 CM :
- 1 recette de pâte sucrée
- 1 recette de crème d'amandes
- 500g de fraises fraîches
- 200g de crème pâtissière
- QS de nappage blond

TEMPS DE PRÉPARATION

- Prep : 30 à 40 min
- Cuisson : 25 à 30 min

INSTRUCTIONS

- Réaliser une pâte sucrée, l'abaisser sur 2/3 mm, foncer le cercle à tarte graissé, piquer.
- Réserver au frais
- Réaliser une crème d'amandes (75g de beurre, 75g de sucre, 75g de poudre d'amandes et 50g d'oeufs)
- Préchauffer le four à 180°C
- Garnir le fond de tarte de crème d'amandes à l'aide d'une poche à douille (sans douille) et lisser : ne pas dépasser 1mm d'épaisseur pour laisser la place à la crème pâtissière
- Cuire 25 à 30 minutes
- Décercler et réserver sur grille
- Détendre la crème pâtissière à l'aide d'un fouet et la disposer sur la crème d'amande en la lissant.
- Ne pas trop en mettre pour laisser la place aux fraises Laver les fraises, les égoutter, équeuter et les couper dans la hauteur
- Disposer les fraises harmonieusement sur la tarte de manière à recouvrir la crème complètement
- Napper les fraises de nappage blond
- Réserver au frais

Tarte aux pommes

INGREDIENTS

POUR TARTE 22 CM
* 1 recette de pâte sucrée
* 1 recette de compote de pommes
* 4 à 5 pommes golden
* QS de nappage blond

TEMPS DE PRÉPARATION

* Prep : 1h
* Cuisson : 50 min à 1h

INSTRUCTIONS

* Réaliser une pâte sucrée, l'abaisser sur 2/3 mm, foncer le cercle à tarte graissé, piquer.
* Réserver au frais
* Réaliser une compote de pommes : mettre 200g dans une poche et mettre au frais
* Eplucher les pommes, les vider, citronner, les couper en deux dans la largeur, citronner à nouveau, faire des lamelles les plus fines possibles.
* Arroser le tout de jus de citron.
* Préchauffer le four à 170°C
* Garnir le fond de tarte de compote, lisser avec une palette coudée
* Disposer les pommes en rosace sur la compote
* Enfourner 50min à 1h
* Décercler sur grille, laisser refroidir
* Nappage blond avec un pinceau
* Réserver au frais

ASTUCES

Disposer quelques morceaux de beurre et saupoudrer d'un peu de sucre avant d'enfourner pour plus de gourmandise. Vous pouvez remplacer la compote par de la crème d'amandes.

Tarte Bourdaloue

INGREDIENTS

POUR TARTE 22 CM
- 1 recette de pâte sucrée
- 1 recette de crème d'amandes
- 6 demies poires sirop
- QS amandes effilées
- QS nappage neutre

TEMPS DE PRÉPARATION

- Prep : 1h
- Cuisson : 35 à 40min

ASTUCES

Possible d'ajouter un peu de poudre de noisette torréfiée dans la crème d'amandes

INSTRUCTIONS

- Réaliser une pâte sucrée, l'abaisser sur 2/3 mm, foncer le cercle à tarte graissé, piquer. Réserver au frais
- Préchauffer le four à 180°C
- Réaliser une crème d'amandes (75g de beurre, 75g de sucre, 75g poudre d'amandes, 50g d'oeufs), la mettre dans une poche sans douille
- Garnir le fond de tarte de crème d'amandes et lisser.
- Ne pas trop garnir, car elle risque de déborder à la cuisson
- Trancher les demies poires en fines lamelles dans leurs largeurs
- Les disposer joliment sur la crème d'amandes
- Parsemer la tarte d'amandes effilées sur la crème d'amandes
- Enfourner 35 à 40 minutes
- Décercler, mettre sur grille et une fois tiède, napper de nappage neutre
- Réserver au frais

Tarte au chocolat

INSTRUCTIONS

- Préchauffer le four à 180°C
- Réaliser une pâte sucrée, l'abaisser sur 2/3 mm, foncer le cercle à tarte graissé, piquer.
- Réserver au frais 15 à 20 min
- Cuire le fond de tarte 15 à 20 min
- Décercler et réserver sur grille
- Réaliser une recette de ganache chocolat et la couler immédiatement dans le fond de tarte froid.
- Lisser
- Mettre au frais afin que la ganache se solidifie un peu

INGREDIENTS

POUR TARTE 22 CM
- 1 recette de pâte sucrée
- 1 recette de ganache au chocolat

TEMPS DE PRÉPARATION

- Prep : 10 à 15 min
- Cuisson : 15 à 20 min

ASTUCES

Vous pouvez changer en réalisant des tartes chocolat/fruits : garnir le fond de tarte avec des bananes, ou encore disposer des fruits rouges sur le dessus de la ganache refroidit...

INGREDIENTS

POUR TARTE 22 CM :

- 1 recette de pâte sucrée
- 1 recette de crème citron
- 1 recette re meringue italienne
- QS de nappage blond

TEMPS DE PRÉPARATION

- Prep : 30 à 40 min
- Cuisson : 20 à 25 min

Tarte citron meringuée

INSTRUCTIONS

- Préchauffer le four à 180°C
- Réaliser une pâte sucrée, l'abaisser sur 2/3 mm, foncer le cercle à tarte graissé, piquer.
- Réserver au frais 15 à 20 min
- Cuire le fond de tarte 15 à 20 min
- Décercler et réserver sur grille
- Réaliser une recette de crème au citron et garnir le fond de tarte sans attendre, lisser à la palette
- Pour une tarte au citron sans meringue, napper au nappage blond la crème et réserver au frais
- Pour une tarte au citron meringuée, réaliser une recette de meringue italienne, la mettre en poche avec une douille de décoration et la pocher sur toute la surface de sorte à ce que la crème soit recouverte
- Dorer la meringue à l'aide d'un chalumeau de cuisine (ou au four position grill quelques minutes)
- Réserver au frais

Flan

INGREDIENTS

POUR FLAN 20 CM :
- 1 recette de pâte brisée crème à flan chaud (340g de lait, 70g de sucre semoule, 34g de poudre à crème, 40g d'oeuf, 20g de beurre)
- 150g de pruneaux dénoyautés
- Finition : nappage blond

TEMPS DE PRÉPARATION

- Prep : 30 à 40 min
- Cuisson : 20 à 25 min

INSTRUCTIONS

- Préchauffer le four à 180°C
- Réaliser une pâte brisée, l'abaisser sur 2/3 mm, foncer le cercle à tarte graissé, piquer. Réserver au frais 15 à 20 min
- Réaliser une crème à flan à chaud (méthode crème pâtissière).
- Hors du feu, ajouter le beurre.
- Filmer au contact, réserver à -40° pendant 5 minutes maximum.
- Au bout de 5 min, réserver au froid positif 4°jusqu'à utilisation
- Garnir le fond de tarte avec les pruneaux. réserver au froid ou température ambiante.
- Sortir la crème du frais, la lisser avec le fouet, verser une partie sur le fond de tarte
- Ajouter le reste de crème et lisser à la spatule coudée.
- Recouvrir entièrement les pruneaux.
- Ne pas remplir à ras bord, car elle va gonfler à la cuisson.
- Cuire 45 min à 180°C
- Décercler et réserver sur grille
- Nappage blond
- Réserver au froid positif

Quiche

INSTRUCTIONS

- Réaliser une recette de pâte brisée
- Abaisser et foncer la pâte dans un cercle à tarte puis mettre au frais
- Réaliser l'appareil à crème prise : blanchir les oeufs et les jaunes puis ajouter le lait et la crème.
- Assaisonner avec le sel, poivre et noix de muscade râpée.
- Blanchir les lardons en les plongeant dans une casserole d'eau chaude et porter à ébullition.
- Les égoutter et les rincer pour retirer l'écume
- Disposer les lardons dans le fond de tarte et parsemer d'emmental râpé.
- Verser l'appareil à crème prise
- Cuire 45 minutes à 180°

INGREDIENTS

POUR QUICHE 22 CM

- 1 recette de pâte brisée
- 1 appareil à crème prise : 80g de lait, 80g de crème liquide, 50g d'oeuf, 40g de jaune d'oeuf,
- QS sel poivre et muscade râpée
- Garniture : 100g de lardons allumettes, 80g d'emmental râpé

LA PÂTE À CHOUX

Voici plusieurs réalisations de pâte à choux sur lesquels vous pouvez tomber le jour de l'examen.
La garniture peut être différente, mais le travail de la pâte à choux reste le même.

On retrouve :
- Chouquettes
- Choux ou éclairs chantilly
- Glands, salambos
- Les éclairs
- Les religieuses
- Paris Brest
- Saint Honoré

169

LA PÂTE À CHOUX

PRODUITS	LONGUEUR	LARGEUR
Chouquette	Cercle de 3 cm	
Eclair	14 cm	3 cm
Religieuse (tête)	Cercle de 3 cm	
Religieuse (corps)	Cercle de 5 ou 6 cm	
Gland	9 cm	0 à 4 cm
Salambo	9 cm	4 cm
Paris-Brest	Cercle de 7 cm	

TECHNIQUE DU FONDANT PÂTISSIER

La technique du fondant pâtissier est l'une des plus techniques au CAP Pâtissier. Mais pas de stress !! Il suffit d'adopter la bonne méthode.

MÉTHODE :

Placez une casserole pas trop grande, mais pas trop petite (suffisamment grande pour pouvoir glacer vos éclairs) sur feu doux-moyen avec une quantité suffisante de fondant pâtissier.

Nous vous conseillons fortement de ne pas mettre le sirop à Brix immédiatement dans la casserole avec votre fondant, mais plutôt d'attendre pour l'intégrer ensuite, petit à petit !!! En effet, c'est une grosse erreur de mettre le sirop à Brix dès le début pour diluer le fondant pâtissier, car vous risquez d'en mettre trop et de vous retrouver avec un fondant beaucoup trop liquide..

Soyez plutôt patient, et laissez chauffer le fondant en le remuant constamment . Température du fondant à ne pas dépasser : 34-35°C : une fois cette température atteinte, vous pourrez enfin ajouter le sirop à Brix, mais par petite touche (cuillère par cuillère) afin de pouvoir détendre le fondant et arrêter lorsque la texture est parfaite.

Le fondant doit être :
- Souple pour pouvoir épouser votre pâtisserie
- Pas trop liquide pour ne pas couler après application
- Certains vous diront qu'il faut monter le fondant jusqu'à 39°C, mais par expérience, 35°C est amplement suffisant.

PS : si votre fondant pâtissier doit être arômatisé au café ou au chocolat par exemple, n'oubliez pas de le faire avant l'ajout de sirop à Brix, car la texture de votre fondant va déjà changer !

Chouquettes

INGREDIENTS

- 1 recette de pâte à choux
- QS de sucre perlé

- 1 douille lisse

TEMPS DE PRÉPARATION

- Prep : 10 min
- Cuisson : 25 à 30 min

INSTRUCTIONS

- Préchauffer le four à 170-180°
- Réaliser une pâte à choux et la mettre dans une poche à douille lisse 10
- Dresser les choux de 3cm de diamètre sur plaques recouvertes de papier cuisson : bien les espacer, en quinconce
- Saupoudrer de sucre perlé (retourner délicatement la plaque pour enlever l'excédent)
- Enfourner 25 à 30 minutes jusqu'à l'obtention d'une belle coloration Réserver sur grille

ASTUCES

Pour avoir des chouquettes régulières, tremper un emporte pièce rond de 3cm dans de l'eau puis farine et faire des traces sur la plaque

WWW.OBJECTIFPATISSIER.FR

Choux ou éclairs chantilly

INGREDIENTS

- 1 recette de pâte à choux
- 1 recette de crème chantilly
- 1 recette de caramel
- QS sucre glace
- QS oeuf entier pour la dorure

- 1 douille cannelée
- 1 douille PF16 ou PF18

TEMPS DE PRÉPARATION

- Prep : 20 min
- Cuisson : 45 min

INSTRUCTIONS

- Préchauffer le four à 170-180°
- Réaliser une pâte à choux et pocher les éclairs ou choux à la douille PF16 ou PF18
- Dorer à l'oeuf (option) et rectifier les imperfections
- Enfourner 45 minutes environ
- Réserver sur grille
- Réaliser une chantilly, filmer au contact et réserver au frais
- Réaliser un caramel et glacer les éclairs puis réserver sur grille
- Mettre en poche la chantilly avec une douille cannelée
- Ouvrir les éclairs et choux froids et les garnir de chantilly
- Remettre les chapeaux et saupoudrer de sucre glace.
- Réserver au frais

ASTUCES

Pour avoir des pièces régulières, utiliser un coupe-pâte (pour les éclairs) et un emporte pièce rond de 6cm (pour les choux) légèrement trempés dans de l'eau et farine pour laisser des traces sur la plaque. Les éclairs doivent être 2cm plus longs que le coupe pâte

Glands, Salambos

INGREDIENTS

POUR TARTE 22 CM

- 1 recette de pâte à choux
- 1 recette de crème pâtissière
- 400g de fondant pâtissier
- QS de cacao en poudre
- QS de trablit (arôme café)
- QS vermicelles choco
- QS sirop à 30° baumé
- QS de grand marnier
- 1 recette de crème au beurre
- 1 recette de caramel
- QS amandes effilées
- QS colorant vert
- QS kirsch

TEMPS DE PRÉPARATION

- Prep : 1h
- Cuisson : 45 min

INSTRUCTIONS

- Préchauffer le four à 180°
- Réaliser une crème pâtissière aromatisée au choix : grand marnier ou kirsch.
- Réserver au frais
- Réaliser une recette de pâte à choux et mettre dans une poche avec une douille PF16 ou PF18
- Dresser les glands et salambos
- Corriger les imperfections
- Cuire 40 à 45 minutes
- Réserver sur grille
- Détendre la crème pâtissière pour la lisser, faire un trou sous chaque pièce et garnir de crème pâtissière avec une douille unie 10
- Disposer des amandes effilées en forme d'hélice sur du papier cuisson
- Réaliser un caramel et glacer les salambos.
- Les poser ensuite sur les amandes, caramel vers le bas.
- Laisser refroidir, décoller et réserver au frais

Eclairs

INSTRUCTIONS

- Préchauffer le four à 160°
- Réaliser une crème pâtissière aromatisée au choix : chocolat, vanille, café... et réserver au frais
- Réaliser une recette de pâte à choux et mettre dans une poche munie d'une douille PF16 ou PF18
- Dresser les pièces : 12cm de long sur 2 à 3cm de large
- Corriger les imperfections avec un pinceau mouillé d'oeufs Cuire 30 min
- Réserver sur grille Détendre la crème pour la lisser puis faire 3 trous sous les éclairs et garnir de crème pâtissière avec une douille lisse 10
- Prendre 400g de fondant pâtissier, l'aromatiser au choix (cacao ou trablit pour chocolat et café, laisser tel quel pour vanille et colorer en vert pour les glands)
- Glacer chaque pièce et mettre au frais

INGREDIENTS

- 1 recette de pâte à choux
- 1 recette de crème pâtissière
- 400g de fondant pâtissier
- QS de cacao en poudre
- QS de trablit (arôme café)
- QS de sirop à 30° baumé

- 1 douille cannelée
- 1 douille PF16 ou PF18

TEMPS DE PRÉPARATION

- Prep : 1h
- Cuisson : 45 min

ASTUCES

Un choux qui se casse au garnissage ou au dressage est un chou qui manque de cuisson

INGREDIENTS

- 1 recette de pâte à choux
- 1 recette de crème pâtissière
- 400g de fondant pâtissier
- QS de cacao en poudre
- QS de trablit (arôme café)
- QS sirop à 30° baumé
- QS de vermicelles choco
- 1 recette de crème au beurre

- 1 douille lisse 10 1
- douille PF16 ou PF18
- 1 douille cannelée

TEMPS DE PRÉPARATION

- Prep : 1h
- Cuisson : 45 min

. . . .

INSTRUCTIONS

- Préchauffer le four à 180°
- Réaliser une crème pâtissière aromatisée au choix : chocolat, vanille ou café.
- Réserver au frais
- Réaliser une recette de pâte à choux et mettre dans une poche avec une douille PF16 ou PF18
- Dresser sur une plaque
- Corriger les imperfections
- Cuire 40 à 45 minutes Réserver sur grille
- Détendre la crème pâtissière pour la lisser
- Faire un trou sous chaque pièce et garnir de crème pâtissière avec une douille unie 10 Glacer avec 400g de fondant pâtissier (arômatiser au cacao en poudre ou trablit pour les religieuses choco ou café et laisser tel quel pour les vanilles)
- Poser les têtes des religieuses sous les corps.
- Réaliser une crème au beurre en divisant les quantités par 3 (généralement fournie)
- Faire des flammes de crème au beurre autour des têtes avec douille cannelée
- Réserver au frais

Paris Brest

INGREDIENTS
6 personnes

- 1 recette de pâte à choux (125g d'eau, 65g de beurre, 2g de sel, 75g de farine T45 et 100 à 150g d'oeufs)
- Amandes effilées QS

- 1 recette de crème pâtissière à base de 250g de lait
- 2 fois 60g de beurre
- 65g de praliné

TEMPS DE PRÉPARATION

- Prep : 1h
- Cuisson : 45 à 60 min

INSTRUCTIONS

- Préchauffer le four à 180°
- Réaliser une recette de pâte à choux
- A l'aide d'une poche munie d'une douille PF14, coucher une 1ère couronne de 20cm de diamètre. Dresser un 2ème cercle collé au premier, à l'extérieur. Terminer ce cercle en faisant chevaucher les 2 extrémités. Dresser une 3ème couronne, à cheval sur les 2 premières.
- Dorer et parsemer d'amandes effilées
- Cuire 45 à 60 min
- Ouvrir le four en fin de cuisson pour favoriser le dessèchement de la pâte
- Réaliser une crème mousseline : incorporer 60g de beurre dans une recette de crème pâtissière à base de 250g de lait encore chaude réalisée à partir de poudre à crème.
- A part, travailler 60g de beurre avec 65g de praliné dans un batteur mélangeur, incorporer la crème pâtissière et laisser tourner pour "foisonner".
- Garnir avec une douille cannelée le Paris-Brest une fois refroidit, le couper au tiers (2/3 dessous et 1/3 dessus).
- Poser le dessus de la couronne et saupoudrer de sucre glace.

Saint Honoré

INSTRUCTIONS

• Préchauffer le four à 180°

Réaliser une pâte à choux et pâte feuilletée :

• Réaliser la détrempe de feuilletage.
• Réserver au froid positif 30min
• Réaliser le craquelin, étaler à l'aide du rouleau entre 2 feuilles de cuisson, réserver au congélateur
• Donner les 2 premiers tours simples au feuilletage et réserver au froid positif, le temps de réaliser la pâte à choux
• Réaliser la pâte à choux et réserver à température ambiante, disposer un torchon humide dessus afin d'éviter le "croûtage"
• Donner le 3ème et 4ème tour simple au feuilletage
• Dresser 8 ou 9 petits choux (2/3cm de diamètre, douille unie 12).
• Disposer craquelin (plus grands que les choux).
• Garder suffisamment de pâte à choux pour réaliser le cercle de pâte feuilletée.

INGREDIENTS

POUR SAINT HONORÉ DE 18 CM

• **1 recette de pâte feuilletée** (200g de farine, 5g de sel, 100g d'eau, 40g de beurre fondu doux, 10g de beurre de tourage)
• **1 recette de pâte à choux** : 90g de lait, 90g d'eau, 2g de sel fin, 5g de sucre semoule, 60g de beurre doux, 110g de farine, 3 oeufs entiers)
• **1 recette de crème chantilly** : 250g de crème liquide 35%, 25g de sucre semoule, 1/2 gousse de vanille
• **1 recette de crème chiboust** : 250g de lait, 1/2 gousse vanille, 50g jaune d'oeuf, 35g de sucre semoule, 25g de maïzena, 3g gélatine, 100g blancs d'oeufs, 100g sucre semoule, 35g d'eau
• **Craquelin** : 40g de beurre doux, 50g de farine, 50g de sucre cassonade
• **Caramel à sec** : 250g de sucre semoule

- Donner le 5ème tour de feuilletage et abaisser à environ 3/4mm d'épaisseur. Enlever la farine, piquer et disposer l'abaisse de feuilletage sur la plaque de cuisson (plaque perforée ou silpat). Détailler un rond de 18 cm de diamètre.

Ne pas emporte-piécer directement avec le cercle pour ne pas écraser le feuilletage, découper à l'aide d'un couteau, de préférence le plus verticalement possible, autour du cercle.

- Dresser un cercle de pâte à choux sur l'abaisse de feuilletage à 1cm des bords. Dresser un 2ème cercle à l'intérieur.
- Enfourner la plaque de choux et de pâte feuilletée, attendre une belle coloration (couleur caramel clair) et entre-ouvrir légèrement le four afin de dessécher les choux. Sortir les plaques du four quelques minutes après, pour le SaintHonoré, il vaut mieux avoir des choux bien secs.

Réaliser la crème Chiboust :

- Mettre les feuilles de gélatine dans l'eau bien froide
- Démarrer la cuisson du sucre + eau pour la meringue, porter à une température entre 117 et 121°
- Clarifier les oeufs, mettre les blancs dans la cuve et les jaunes dans un cul de poule
- Porter les 4/5 du lait avec les grains de vanille à ébullition, mélanger les 1/5 restants avec les jaunes
- Mélanger Maïzena + sucre et rajouter au mélange jaunes + lait
- Une fois le sucre à température, le verser en petit filet sur les blancs déjà montés (mousseux), vitesse max
- Une fois le lait à ébullition, en verser une petite quantité sur le mélange sucre/Maïzena/jaunes/lait, mélanger et reverser le tout dans la casserole.
- Porter à ébullition en remuant sans cesse
- La crème cuite et hors du feu, rajouter la gélatine bien essorée au préalable et bien mélanger.
- A ce stade, la meringue et la crème pâtissière doivent être prêtes et encore chaudes. Il est très important que les 2 soient chaudes au moment du mélange.
- Procéder au mélange après avoir réalisé un pré-mélange, important pour homogénéiser les 2 appareils
- Finaliser le mélange de la Chiboust très délicatement au fouet et utiliser la crème assez rapidement.

Chantilly et caramel :

• Faire un caramel
• Garnir les choux et le fond du Saint Honoré et mettre au frais le restant de crème
• Monter la chantilly avec une cuve mise au préalable au congélateur et une crème bien froide
• Glacer les choux avec le caramel
• Disposer les choux en cercle sur le fond du Saint Honoré, les coller régulièrement à la chiboust du milieu
• Décorer le milieu du Saint Honoré avec la chantilly à l'aide d'une douille Saint Honoré
• Réserver au frais, la crème chiboust va se gélifier.

LES ENTREMETS

Les différentes recettes dans ce chapitre vous permettront de maîtriser différentes techniques.
De cette manière, vous serez apte à réaliser n'importe quel entremet qui tombera le jour de l'examen. Pour les pâtes, se référer aux recettes situées dans le chapitre "Les Pâtes"

On retrouve :
- Bavarois chocolat
- Bavarois rubané
- Charlotte aux fruits
- Fraisier
- Moka
- Schuss
- Opéra
- Forêt-noire
- Miroir
- Bûche roulée

Bavarois chocolat

INGREDIENTS

POUR CERCLE DE 20X4,5CM
- 1 recette de biscuit cuillère
- 1 recette de crème bavaroise chocolat
- 1 recette de sirop à 30°
- QS de pâte d'amande
- QS de nappage blond

TEMPS DE PRÉPARATION

- Prep: 1h30
- Cuisson: 12 à 15 min
- Réfrigération : 1h30 à 2h

INSTRUCTIONS

- Chemiser le cercle à entremets de 20 avec du papier rhodoïd
- Réaliser une recette de biscuit cuillère
- Dresser 2 disques de 18cm et une cartouchière de 65cm de long sur une plaque
- Cuire 12 à 15 minutes, laisser refroidir
- Parer les deux côtés de la cartouchière de sorte à ce qu'elle fasse 3 à 3,5cm de haut sur 65cm de long
- Placer la cartouchière à l'intérieur du cercle chemisé de rhodoïd
- Disposer un disque de biscuit cuillère de 18cm et poncher légèrement
- Réaliser une recette de crème bavaroise au chocolat Verser la crème bavaroise dans le cercle jusqu'à la moitié, et recouvrir du second disque de biscuit
- Poncher généreusement, et recouvrir avec le reste de crème bavaroise au chocolat
- Lisser l'entremet à l'aide de la palette coudée et réserver au frais 1 à 2h
- Napper de nappage blond ou recouvrir l'entremet d'une abaisse de pâte d'amandes
- Décorer

Bavarois Rubané

INGREDIENTS

- 500ml de lait
- 80g de jaunes d'oeufs
- 125g de sucre semoule
- 10 à 12g de gélatine
- 1/2 gousse vanille
- 40ml de crème liquide

Sirop
- 1/2 gousse de vanille
- 400ml de crème liquide
- Vanille extrait liquide
- 20g de cacao ou chocolat couverture
- Extrait de café

Chantilly
- 40ml de crème liquide,
- 10g de sucre glace,
- grains de café et liqueur

TEMPS DE PRÉPARATION

- Prep : 1h
- Cuisson : 45 à 60 min

INSTRUCTIONS

Confectionner la crème anglaise collée
- Plonger les feuilles de gélatine dans l'eau froide
- Faire bouillir le lait avec une demi-gousse de vanille
- Clarifier les oeufs et blanchir les jaunes avec le sucre à part
- Verser progressivement sur ce mélange le lait bouillant en remuant à l'aide d'une spatule
- Verser l'appareil dans le récipient ayant servi à faire bouillir le lait puis placer sur feu doux et remuer sans cesse
- Retirer la crème du feu lorsqu'elle atteint une consistance nappante
- Egoutter et éponger la gélatine et l'incorporer à la crème anglaise
- Passer la crème au chinois
- Refroidir la crème très rapidement

Parfumer la crème
- Diviser l'appareil à bavarois en 3 parties inégales (seulement lors de l'utilisation de moules à charlottes évasés) ou en 3 parties égales (lors de l'utilisation de cercles à entremets)

- Parfumer le 1er tiers avec le chocolat de couverture fondu ou le cacao
- Parfumer le 2ème tiers avec le café
- Renforcer le 3ème tiers avec quelques gouttes d'extrait de vanille liquide

Monter la crème
- Dès que la crème anglaise collée commencer à prendre, ne pas trop la serrer, elle doit rester lisse

Terminer l'appareil à bavarois
- Incorporer délicatement la crème fouettée aux crèmes anglaises collées et parfumées
- Dans le cas de l'utilisation de moules à charlotte, commencer par l'appareil au café
- Le verser dans le moule sans dépasser le tiers de sa hauteur
- Faire prendre rapidement sur glace ou en enceinte réfrigérée
- Verser l'appareil à la vanille
- Faire prendre à nouveau en enceinte réfrigérée
- Terminer par l'appareil au chocolat
- Couvrir d'un film alimentaire et réserver les bavarois en enceinte réfrigérée durant 1h minimum

Dresser le bavarois :
- Tremper rapidement le moule dans de l'eau chaude
- Démouler soigneusement le bavarois sur le plat de service
- Décorer les bavarois avec de la crème chantilly, des grains de café liqueur ou des copeaux de chocolat
- Servir avec des petits fours secs

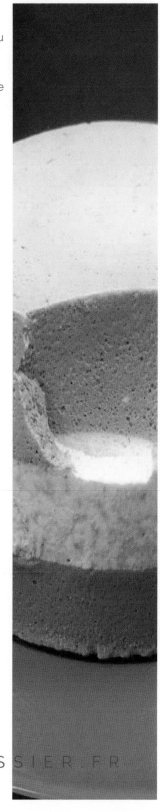

Charlotte aux fruits

INGREDIENTS

POUR CHARLOTTE DE 20X4,5CM

- 1 recette de biscuit cuillère
- 1 recette de crème bavaroise
- 1 recette de sirop à 30°
- 500g de fruits frais ou surgelés
- QS fruits frais pour la déco
- QS nappage blond

TEMPS DE PRÉPARATION

- Prep : 1h30
- Cuisson : 12 à 15 min
- Réfrigération : 4 à 5h

INSTRUCTIONS

- Réaliser une recette de biscuit cuillère en confectionnant deux disques de 18cm et une bande cartouchière de 5cm de haut et 63cm de long.
- Cuire Lever immédiatement le papier sulfurisé.
- Réserver la cartouchière dans le cercle à entremets pour faciliter le montage par la suite, en donnant une forme arrondie.
- Réaliser une recette de mousse bavaroise, réserver
- Réaliser une recette de sirop à 30°, réserver
- Poser un cercle de 20x4,5cm sur un plat de service, et le chemiser de rhodoïd,
- Parer à l'aide d'un couteau à génoise le côté le moins joli de votre bande de cartouchière afin qu'elle ait la même taille partout, et chemiser le cercle en prenant soin de placer le côté coupé vers le bas.
- Utiliser le cercle à entremets pour définir la hauteur de la cartouchière.
- Marquer au couteau la découpe.
- Couper les extrémités des bandes.
- Pour que les jointures soient presque invisibles, il faut que les extrémités de chaque bande ait la même inclinaison pour se coller parfaitement entre elles

Se servir de la 1ère bande découpée comme gabarit pour découper les autres. Plaquer les 2 bandes dans le cercle. Conserver les chutes dans un récipient filmé à température ambiante.

- Positionner un disque de biscuit au fond du cercle et le poncher légèrement à l'aide d'un pinceau
- Verser dans le cercle la moitié de votre crème bavaroise et disposer les 3/4 des fruits en les enfonçant légèrement
- Poser le 2ème disque de biscuit en exerçant une légère pression et le poncher généreusement
- Verser le reste de crème bavaroise et le reste de fruits en prenant soin que ceux-ci ne soient plus apparents
- Lisser à la palette et décorer
- Placer au frais 4h minimum pour une bonne prise de la crème

Attention, la cartouchière doit être régulière et chaque biscuit doit être apparent !

Fraisier

INGREDIENTS

POUR FRAISIER DE 20X4,5CM
- 1 recette de génoise
- 1 recette de crème mousseline
- 350g de fraises fraîches
- QS de pâte d'amandes
- QS de chocolat pour l'écriture au cornet
- QS de sirop à 30°

TEMPS DE PRÉPARATION
- Prep : 1h30
- Cuisson : 20 à 30 min
- Réfrigération : 4 à 5h

INSTRUCTIONS

- Confectionner la génoise, plaquer ou mouler dans un cercle à entremets de 20cm, cuire, démouler sur grille, réserver
- Réaliser un sirop à 30°, refroidir
- Réaliser la crème mousseline, réserver
- Chemiser le cercle à entremets de rhodoïd
- Découper à l'aide d'un couteau à génoise votre génoise refroidie en 3 parts égales et n'en garder que 2
- Foncer le cercle avec un des disques de génoise préalablement découpé
- Couper les plus belles fraises en 2 sur la hauteur et les égaliser en coupant légèrement la base
- Couper les moins belles en petits dés
- Disposer les fraises à l'intérieur du cercle chemisé, face coupée contre le cercle
- Poncher légèrement le disque de génoise avec le sirop avec un pinceau
- Garnir le cercle de crème mousseline + dés de fraises + fine couche de mousseline
- Tailler le second disque de génoise à l'aide d'un cercle de 18cm et le poser sur la crème mousseline en pressant

- Poncher le disque de génoise et le recouvrir d'une fine couche de crème mousseline
- Lisser le dessus de l'entremets avec la palette
- Réserver au froid Etaler la pâte d'amande, découper un cercle de 20cm et le disposer sur l'entremets encore cerclé
- Terminer le décor à l'aide d'un cornet et de chocolat fondu

Astuces : autres idées de parfums : ananas, framboises, kiwi...

Moka

INSTRUCTIONS

Réaliser la génoise

Réaliser le sirop
- Réunir dans une cuve l'eau et le sucre, porter à ébullition
- Ecumer si nécessaire, débarrasser le sirop dans une calotte en inox.
- Refroidir Parfumer avec du rhum.
- Réserver

Réaliser la crème au beurre :
- Ramollir le beurre en pommade
- Réunir dans un poêlon à sucre, l'eau et le sucre.
- Porter à ébullition
- Battre les jaunes et les oeufs entiers dans une calotte en acier inox
- Quand le sucre est à son point de cuisson (114/118°), le verser progressivement sur les oeufs en fouettant vigoureusement et sans discontinuer jusqu'à complet refroidissement Incorporer des noix de beurre ramolli
- Travailler la crème au fouet pour obtenir une parfaite homogénéité

INGREDIENTS

Génoise
- 220g d'oeufs entiers
- 125g de sucre semoule
- 125g de farine

Chemisage
- 20g de beurre
- 20g de farine

Crème au beurre
- 250g de beurre doux extra fin
- 200g de sucre
- 40ml d'eau
- 110g d'oeufs entiers
- 40g de jaunes d'oeufs ou 55g d'oeufs entiers

- extrait de café et de vanille

Sirop
- 60ml d'eau, 40g de sucre, 40ml de rhum Finition : 100g d'amandes hachées ou effilées

- Parfumer la crème avec de l'extrait liquide de vanille et de café.
- Réserver

Griller les amandes au four sur plaque

Monter le Moka
- Tailler la génoise à l'aide d'un couteau-scie en 3 disques réguliers
- Imbiber de sirop le 1er disque de génoise
- Masquer sans excès de crème au beurre au café
- Placer le 2ème disque sur le 1er
- Imbiber à nouveau
- Masquer de crème au beurre au café
- Poser le 3ème et dernier disque également punché

Terminer le moka
- Masquer de crème au beurre, à la spatule, le tour et le dessus du moka
- Appliquer les amandes grillées autour du moka
- Décorer le moka avec le reste de crème au beurre, à l'aide d'une poche à décor munie d'une douille cannelée
- Dresser soigneusement le moka sur le plat de service recouvert d'un papier dentelle

Schuss

INSTRUCTIONS

- Réaliser la génoise
- La cuire et la réserver au froid
- Réaliser la crème diplomate
- Tailler, à l'aide d'un couteau-scie, en 3 disques égaux la génoise bien froide
- Commencer le montage en punchant le premier disque de génoise
- Le garnir de crème diplomate sur 1 centimètre d'épaisseur environ
- Ne pas trop déborder
- Poser le deuxième disque de génoise et recommencer l'opération
- Finir par le troisième disque côté le plus lisse vers le dessus
- Monter la chantilly
- Dresser au centre les fruits en dôme
- Masquer les côtés à la chantilly
- Finir le décor à la chantilly à la douille Saint Honoré

INGREDIENTS

- 1 recette de génoise
- 1 recette de crème diplomate
- Sirop
- 1 recette de chantilly
- Pistaches concassées QS
- Fruits QS

Opéra

INGREDIENTS

Biscuit Joconde
- 250g d'oeuf entier
- 50g de farine
- 185g de poudre d'amande
- 185g de sucre glace
- 140g de blancs d'oeufs
- 35g de sucre
- 70g de beurre fondu

Crème au beurre café
- 250g de sucre
- 80g d'eau
- 130g d'oeufs
- 350g de beurre
- 22g d'extrait de café

Ganache
- 150g de crème liquide
- 140g de chocolat noir

Glaçage
- 125g de chocolat couverture mi amère,
- 45g d'huile

Sirop
- 200g d'eau
- 200g de sucre
- QS extrait café

INSTRUCTIONS

- Réaliser le biscuit Joconde
- Dresser sur une plaque de 40x60cm ou en 2
- Cuire 8 min à 200°C et réserver sur grille
- Réaliser le sirop
- Réaliser la ganache. L'utiliser froide et un peu ferme, mais pas trop pour l'étaler à la spatule. (la mettre au froid sans la durcir)
- Réaliser la crème au beurre.
- Peser 450G de crème au beurre, à mélanger avec l'extrait de café.
- La crème au beurre restante se congèle très bien pour faire les flammes des religieuses par exemple...
- Montage : vous devrez avoir 3 carrés de biscuits Joconde de 22x22cm.
- Poser le 1er carré sur une feuille de papier cuisson, l'imbiber généreusement de sirop au café puis à l'aide d'une spatule coudée, étaler la moitié de votre crème au beurre café.
- Poser le 2ème carré de biscuit par dessus
- Punchez au sirop puis étalez une couche de ganache, environ 1 cm
- Poser le 3ème biscuit sur la ganache, l'imbiber généreusement de sirop au café
- Etaler la deuxième partie de crème et lisser
- Placer au frais
- Réaliser le glaçage : faire fondre le chocolat à 45°, y ajouter l'huile et mélanger. L'utiliser à 35° sur l'entremet froid.
- Répartir en fine couche sur l'opéra avec une palette et mettre en cellule pour qu'il se fige

INGREDIENTS

Biscuit Génoise
- 200g d'oeufs,
- 125g de sucre semoule,
- 200g de farine T55,
- 50g de cacao en poudre,
- 15g de beurre

Ganache chocolat
- 160g de chocolat couverture noire,
- 200g de crème liquide,
- 20g de sirop de glucose,
- 25g de beurre

Crème chantilly mascarpone
- 300g de crème liquide,
- 200g de mascarpone,
- 50g de sucre glace,
- 10g de vanille liquide

Garniture et finition
- 200g de cerises amarena et 8 pièces,
- 100g de sirop léger,
- 100g de sirop de cerise,
- 100g de copeaux chocolat,
- QS cacao poudre

Forêt-noire

• •

INSTRUCTIONS

Réaliser le biscuit génoise :
- Tamiser la farine + cacao en poudre
- Blanchir oeufs + sucre puis chauffer au bain-marie jusqu'à l'obtention d'un ruban
- Refroidir le tout en fouettant
- Ajouter farine + cacao tamisés + beurre fondu

- Mettre le biscuit en cercle beurré et fariné
- Cuire 20 minutes à 180°
- Sortir le biscuit et réserver sur grille
- Détailler 3 disques dans l'épaisseur du biscuit

- **Réaliser la ganache chocolat :**
- Chauffer la crème + le sucre glucose jusqu'à ébullition
- Verser le mélange sur le chocolat de couverture noir
- Ajouter le beurre et lisser
- Garnir dans une poche avec une douille 12

Réaliser la crème chantilly mascarpone

Montage

- Puncher le premier biscuit et le mettre au milieu du cercle
- Chemiser le cercle de crème chantilly mascarpone à l'aide d'une palette
- Ajouter sur le biscuit, une couche de ganache + les cerises amarena
- Positionner le deuxième disque de biscuit génoise et presser
- Ajouter une couche de chantilly + cerises
- Positionner le troisième biscuit et presser pour ne pas qu'il dépasse le rebord du cercle
- Ajouter le reste de crème et lisser avec la palette
- Mettre au froid négatif 15 minutes
- Mettre le reste de crème chantilly dans une poche munie d'une douille Saint Honoré et réaliser le décor sur la surface
- Parsemer de 8 cerises + copeaux de chocolat
- Saupoudrer de cacao en poudre

Miroir

INGREDIENTS

Pâte à cigarette
- 60g de beurre
- 60g de sucre glace
- 60g de blanc d'oeuf liquide
- 60g de farine T55
- QS colorant

1 biscuit Joconde

1 bavaroise exotique :
- 250g de purée exotique
- 30g de sucre semoule
- 40g de jaune d'oeuf
- 8g de feuille gélatine

- 150g de crème liquide

Garniture :
- mangue surgelée 150g
- 100g de sirop léger
- 50g de purée de passion

Finition :
- 250g de mangue surgelée
- 1/4 part de fruit de la passion
- 100g de nappage neutre

INSTRUCTIONS

Réaliser la pâte à cigarette
- Réaliser un beurre pommade
- Ajouter le sucre glace + farine + blanc d'oeuf liquide
- Mixer le tout avec le colorant au choix
- Mettre le tout dans une poche sans douille et couper la pointe.
- Dessiner des rayures de pâte de couleur sur un tapis de cuisson puis placer au froid négatif jusqu'à surgélation

Réaliser le biscuit Joconde (voir recette)
- Verser sur tapis de cuisson
- Cuire à 180° pendant 20 minutes
- Sortir le biscuit moelleux et doré et réserver sur grille jusqu'à refroidissement

Réaliser la bavaroise exotique
- Chauffer la purée de fruits + sucre dans une casserole jusqu'à ébullition
- Ajouter les jaunes d'oeufs jusqu'à 82°
- Ajouter la gélatine essorée
- Fouetter et débarrasser pour laisser refroidir à température ambiante jusqu'à une température de 30°

- Monter la crème liquide froide au batteur, mais pas trop, elle doit rester mousseuse
- Incorporer la crème mousseuse à la purée collée à 30° et lisser au fouet

Réaliser le miroir :
- Chauffer le sirop avec le purée de passion Tailler le biscuit Joconde en bande de 4,5cm de haut sur 60cm de long
- Chemiser le cercle avec Tailler 2 disques de biscuit Joconde
- Placer le premier au fond et le deuxième au milieu du miroir.
- Puncher les biscuits avec le sirop passion
- Garnir d'une couche de bavaroise exotique
- Parsemer de cubes de mangue surgelés
- Positionner le deuxième disque de biscuit
- Presser et ajouter une deuxième couche de bavaroise jusqu'à hauteur du cercle

Lisser le miroir avec une palette jusqu'à l'obtention d'une surface totalement lisse Placer le miroir en cellule de refroidissement jusqu'à durcissement de la surface

Réaliser les finitions et le décor : nappage neutre teinté de colorant jaune et de poudre scintillante Disposer sur le miroir avec une palette Décorer au choix avec les fruits

W W W . O B J E C T I F P A T I S S I E R . F R

INGREDIENTS

Biscuit roulade :
- 120g de blanc d'oeuf
- 20g de sucre semoule
- 160g de jaune d'oeuf
- 80g de sucre semoule
- 100g de farine T55
- 80g grué de cacao

Crème mousseline chocolat
- 500g de lait entier
- 100g de pâte de cacao
- 40g de jaune d'oeuf
- 50g d'oeuf
- 60g de sucre semoule
- 45, de poudre à flan
- 30g de beurre
- 250g de beurre

Garniture et finition
- 200g de poires au sirop
- 100g de sirop 30°
- 15g d'alcool de poire 2 mini poires
- QS décors

INSTRUCTIONS

Réaliser le biscuit roulade
- Réaliser une meringue serrée au batteur puis monter les jaunes avec le sucre de la même manière
- Mélanger les deux appareils à la maryse et ajouter la farine tamisée, délicatement
- Dresser le biscuit sur plaque recouverte d'un tapis de cuisson et parsemer de grué de cacao
- Cuire à 180° pendant 20 minutes
- Sortir le biscuit et réserver sur grille

Réaliser la crème mousseline au chocolat (voir recette)
- Couper les poires sirop en brunoise
- Placer le biscuit sur une feuille de papier sulfurisé et le puncher avec le sirop 30° et l'alcool de poire
Masquer le biscuit de crème mousseline
Parsemer de brunoise de poires

- Rouler la bûche dans le sens de la longueur, bien la serrer et la mettre au froid négatif jusqu'à durcissement de la surface.
- Garnir du reste de crème mousseline et remettre au frais 20 min
- Couper les deux extrémités de la bûche Décorer

PÂTE LEVÉE

Lorsque l'on parle de pâte levée, on parle en réalité de brioche !
Si vous tombez sur ça le jour de l'examen, il est important de connaître les différentes dimensions des brioches et d'apprendre à bien réaliser les boules.

On retrouve :
- Brioche Nanterre
- Brioches navettes
- Brioches tête
- Brioche tressée
- Pain au lait

Brioche Nanterre

INGREDIENTS

POUR UNE BRIOCHE DE 300G + 5 BOULES AU SUCRE DE 50G

- 1 recette de pâte à brioche Oeufs entiers pour la dorure
- QS de sucre en grains
- QS de nappage blond

TEMPS DE PRÉPARATION

- Prep : 4h (avec pousse)
- Cuisson : 12 à 25 min

INSTRUCTIONS

- Réaliser la pâte à brioche (voir recette de la pâte à brioche)
- Sortir la pâte à brioche du frigo et détailler 5 morceaux de 60g et 5 morceaux de 50g avec le coupe-pâte
- Bouler tous les morceaux sur le plan de travail
- Les 5 boules de 60g : placer dans le moule à brioche Nanterre graissé et fariné, espacé légèrement : soit en ligne dans le moule, soit deux à deux côté à côté ou en quinconce
- Les 5 boules de 50g : placer sur une plaque recouverte de papier sulfurisé
- Dorer et mettre en étuve 1h minimum Préchauffer le four à 180°
- Sortir de l'étuve, dorer une seconde fois, et saupoudrer de sucre grain (option)
- Cuire 10 à 12 minutes à 180° les boules et 20 à 25 minutes à 180° pour la Nanterre
- Badigeonner le sirop 30° pour plus de brillance à la sortie du four
- Réserver sur grille

WWW.OBJECTIFPATISSIER.FR

Brioches Navettes

INGREDIENTS

POUR 10 À 11 NAVETTES
- 1 recette de pâte à brioche
- 1 oeuf pour la dorure
- QS de sucre en grains

TEMPS DE PRÉPARATION

- Prep : 4h (avec pousse)
- Cuisson : 10 à 15 min

. . . .

INSTRUCTIONS

- Réaliser la pâte à brioche (voir recette de la pâte à brioche)
- Sortir la pâte à brioche du frigo et détailler 10 à 11 morceaux de 50g avec le coupe-pâte
- Les bouler dans le creux de la main en faisant des mouvements circulaires sur la surface du plan de travail Former les navettes
- Dorer et mettre en étuve 1h minimum
- Préchauffer le four à 180° Sortir de l'étuve et dorer une seconde fois
- Scarifier les navettes avec les ciseaux trempés dans l'oeuf et saupoudrer de sucre grain (option)
- Cuire 10 à 15 minutes à 180°
- Réserver sur grille

Brioches à tête

INSTRUCTIONS

POUR 11 BRIOCHES TÊTE
- 1 recette de pâte à brioche
- 1 oeuf pour la dorure

TEMPS DE PRÉPARATION

- Prep : 4h (avec pousse)
- Cuisson : 12 à 15 min

- Réaliser la pâte à brioche (voir recette de la pâte à brioche)
- Sortir la pâte à brioche du frigo et détailler 11 morceaux de 50g avec un coupe-pâte
- Les bouler dans le creux de la main en réalisant des mouvements circulaires sur la surface du plan de travail
- Former des quilles en écrasant les boules aux 1/3 avec l'arrête de la main et réserver au frais
- Positionner les quilles au fond d'un moule à brioche tête bien graissé
- Avec les doigts, creuser un trou autour de la tête (qui doit rester centrée)
- Dorer et mettre en étuve 1h minimum
- Préchauffer le four à 180° Sortir de l'étuve et dorer une seconde fois
- Cuire 12 à 15 minutes à 180°
- Réserver sur grille

Autre méthode pour façonner les brioches : couper 1/3 de chaque pâton pour les têtes (morceau entre 10 et 12g), bouler le corps, le déposer dans le moule puis réaliser un trou au centre. Bouler la tête en réalisant une sorte de goutte à une des extrémités. C'est cette goutte qui ira dans le trou réalisé dans le corps

Brioches tressées

INSTRUCTIONS

- Réaliser la pâte à brioche (voir recette de la pâte à brioche)
- Sortir la pâte à brioche du frigo et détailler 3 morceaux de 100g et 12 morceaux de 20g avec le coupe-pâte
- Bouler la totalité des morceaux dans le creux de la main sur le plan de travail
- Les boules de 100g : les faire rouler en boudins de 30 cm de long Les boules de 20g : les faire rouler en boudins de 12cm de long
- Réaliser une tresse à 3 branches pas trop serrée avec les boudins de 30cm
- Réaliser 4 mini tresses pas trop serrées avec les boudins de 12cm
- Dorer et mettre en étuve 1h minimum Préchauffer le four à 180°
- Sortir de l'étuve, dorer une seconde fois et saupoudrer de sucre grain (option)
- Cuire 8 à 15 minutes à 180°
- Réserver sur grille

INGREDIENTS

POUR 1 TRESSE À 3 BRANCHES DE 100G CHACUNE ET 4 MINI TRESSES À 3 BRANCHES DE 20G
- 1 Recette de pâte à brioche
- 1 oeuf pour la dorure QS de sucre en grains

TEMPS DE PRÉPARATION

- Prep : 4h (avec pousse)
- Cuisson : 10 à 15 min

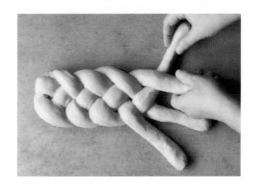

INGREDIENTS

POUR 9 PAINS AU LAIT ET 9 PAINS AU LAIT AU CHOCOLAT DE 50G CHACUN
- 1 recette de pâte à brioche
- 1 oeuf pour la dorure
- 9 bâtons de chocolat

TEMPS DE PRÉPARATION

- Prep : 4h (avec pousse)
- Cuisson : 12 à 15 min

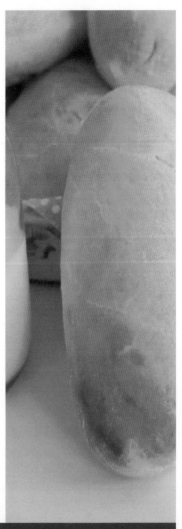

Pains au lait

INSTRUCTIONS

- Réaliser la pâte à brioche (voir recette de la pâte à brioche)
- Sortir la pâte à brioche du frigo et détailler 18 morceaux de 50g avec le coupe-pâte
- Bouler ces morceaux au creux de la main en réalisant des mouvements circulaires sur le plan de travail fleuré
- Allonger 9 boules avec la paume de la main sans étirer les pointes jusqu'à un boudin de 10x4cm
- Renouveler à nouveau l'opération en insérant une fois un bâton de chocolat dans chaque boudin
- Poser sur une plaque graissée ou sulfurisé en les espaçant assez pour ne pas qu'ils se touchent lors de la pousse
- Dorer et mettre en étuve 1h minimum
- Préchauffer le four à 180°
- Retirer de l'étuve et dorer une seconde fois
- Faire 3 entailles nettes sur le dessus des pains avec un ciseaux trempé dans la dorure
- Cuire 12 à 15 minutes à 180°
- Les napper à la sortie du four d'un sirop à 30° pour plus de brillance (option).
- Réserver sur grille

PÂTE FEUILLETÉE

La pâte feuilletée donne souvent du fil à retordre aux candidats.
Ne baissez pas les bras, une fois que vous aurez la technique, vous ne l'oublierez plus !
N'hésitez pas à prendre un cours de coaching afin de réussir cette réalisation.
Contactez-nous sur
objectifpatissier@gmail.com

On retrouve :
- Chaussons aux pommes
- Galette des Rois et pithiviers
- Millefeuille
- Dartois
- Palmiers

Chaussons aux pommes

INSTRUCTIONS

- Réaliser une pâte feuilletée
- Fleurer le plan de travail, abaisser la pâte sur 60cm de long par 20cm de large, sur 4mm d'épaisseur
- Découper à l'emporte pièce 5 disques de pâte et les étaler en ovale en passant le rouleau au milieu de chaque
- Mouiller au pinceau le bord intérieur de chaque ovale afin de pouvoir le coller une fois garnis
- Placer à l'aide d'une poche l'équivalent d'une cuillère à soupe de compote sur un côté de chaque ovale afin de pouvoir replier facilement le chausson sans que la compote s'étale sur les bords
- Replier chaque chausson en appuyant sur la pâte et en longeant la compote pour faire adhérer les extrémités,
- Chiqueter les chaussons et les dorer à l'oeuf puis mettre au frais 15 min mini
- Préchauffer le four à 180° Dorer les chaussons à nouveau et les rayer à l'aide d'un couteau d'office

INGREDIENTS

POUR 5 CHAUSSONS AUX POMMES

- 1 recette de pâte feuilletée
- 1 recette de compote de pommes
- 1 recette de sirop 30°
- QS oeufs pour la dorure

TEMPS DE PRÉPARATION

- Prep : 15 min (façonnage)
- Cuisson : 40 à 45 min

- Faire une cheminée sur chaque chausson à l'aide d'un couteau et les rayer
- Enfourner 40 à 45 minutes à 180°
- Mettre du sirop à la sortie du four pour les rendre plus brillants.
- Réserver sur grille

Galette des rois et Pithiviers

INGREDIENTS

- 1 recette de pâte feuilletée
- 1 recette de frangipane ou
- 1 recette de crème d'amandes
- QS sirop 30°
- QS oeufs entiers pour la dorure
- QS de farine

TEMPS DE PRÉPARATION

- Prep : 40 min
- Cuisson : 45min à 1h

INSTRUCTIONS

- Réaliser une pâte feuilletée
- Fleurer le plan de travail, abaisser la pâte sur une épaisseur de 3mm environ et mettre au frais quelques minutes
- Réaliser une frangipane (ou crème d'amandes pour un pithivier).
- Mettre le tout dans une poche
- Réaliser deux disques de 22cm dans la pâte à l'aide d'un cercle et couteau
- Garnir un des deux disques de frangipane ou de crème d'amande, à 2,5cm des bords
- Mouiller les bords du disque à l'oeuf ou à l'eau et venir y déposer le second disque
- Appuyer avec vos doigts autour de la crème afin de bien faire adhérer les deux disques de pâte, chiqueter (ou festonner pour le pithivier) le contour de la pâte
- Dorer une première fois à l'oeuf
- Placer au frais 15 minutes minimum
- Préchauffer le four à 180°
- Sortir du frigo, dorer à nouveau et rayer avec le dos de lame d'un couteau d'office
- Ne pas hésiter à placer au congélateur quelques min si la pâte a trop ramolli
- Piquer la galette 3 ou 4 fois avec le couteau d'office et enfourner 45 min à 1h.
- Réaliser un sirop 30° et napper à la sortie du four pour plus de brillance. Réserver sur grille

Millefeuille

INSTRUCTIONS

Pâte feuilletée

- Réaliser une recette de pâte feuilletée
- Fleurer le plan de travail et faire une abaisse de 40x60 (ou 3 abaisses de 40x20cm)
- Piquer et réserver au frais 30 minutes
- Recouvrir la pâte d'une feuille de papier sulfurisé et d'une autre plaque de cuisson pour empêcher que la pâte ne se développer trop et que le millefeuille ne soit trop haut.
- Cuire 45 minutes à 180°.
- Au bout de 40 minutes, retirer la plaque de dessus.
- Une fois bien doré, retirer du four et réserver sur grille.

Crème pâtissière

- Réaliser une crème pâtissière à la vanille et réserver au frais

Montage

- Avec un couteau à génoise, parer les bords de la pâte de sorte à se retrouver avec une abaisse de 50x30cm

INGREDIENTS

POUR 10 MILLEFEUILLE INDIVIDUELS DE 10X4CM

- 1 recette de pâte feuilletée
- 2 recettes de crème pâtissière à la vanille
- 400g de fondant pâtissier
- QS de sirop à 30°

TEMPS DE PRÉPARATION

- Prep : 1h
- Cuisson : 45min

- Couper l'abaisse en 3 bandes de 50x10cm et réserver la plus belle bande pour le dessus du millefeuille
- Détendre la crème pâtissière au robot, mettre dans une poche avec douille 12
- Garnir une des abaisses de crème pâtissière en formant des boudins d'une extrémité à l'autre

- Recouvrir d'une deuxième abaisse de pâte feuilletée et exercer une légère pression pour la faire adhérer
- Reproduire l'opération avec la crème et terminer en posant la dernière abaisse, faire une légère pression
- Placer le millefeuille au frais
- Remplir un cornet en papier sulfurisé de chocolat noir fondu, réserver
- Prévoir un couteau d'office pour rayer votre millefeuille, une palette pour retirer l'excédent de fondant, une paire de ciseaux pour couper la pointe de votre cornet et un rouleau de sopalin Réaliser le fondant
- Poser le millefeuille sur un plat de service, couler le fondant, le répartir et enlever l'excédent avec la palette
- Couper rapidement les bouts de votre cornet et faire des lignes de chocolat très régulières et espacées de 2cm en faisant des allers retours dans le sens de la longueur
- Toujours très rapidement, avec la pointe d'un couteau d'office, rayer le millefeuille dans le sens de la largeur dans un sens puis dans l'autre.
- Penser à essuyer la pointe du couteau entre chaque trait.
- Placer au frais 10 à 15 min le temps que le fondant prenne un peu et que la crème pâtissière se raffermisse.
- Sortir le millefeuille, parer à l'aide d'un couteau à génoise les bords où aurait coulé le fondant pour un rendu plus net
- Détailler la part individuelles de 8x4cm avec un couteau de tour ou à génoise.

ASTUCES

Travailler vite, car le fondant se fige très vite. Si vous cassez une pâte feuilletée, utiliser la crème pâtissière comme colle. Certains suppriment le fondant et le remplace par de la pâte feuilletée caramélisée (saupoudrer de sucre glace avant cuisson)

Palmier

INGREDIENTS

POUR 24 PALMIERS
1 recette de pâte feuilletée
400g de sucre semoule ou cassonade

TEMPS DE PRÉPARATION

- Prep : 1h
- Cuisson : 30min

INSTRUCTIONS

- Réaliser une recette de pâte feuilletée, mais au moment des 2 derniers tours simples, saupoudrer de sucre semoule ou de cassonade le pâton.
- Fleurer le plan de travail et faire une abaisse de 40x60
- Plier le rectangle en deux pour marquer le milieu.
- Rabattre chaque moitié de la feuille de feuilletage en deux pliages pour obtenir une bande pliée de 10cm de large par 40cm de long.
- Découper la bande obtenue en tranches régulières de 1,5cm d'épaisseur au couteau de tour.
- Disposer ces palmiers en V sur une plaque recouverte de papier sulfurisé.
- Cuire à 200° et retourner quand ils commencent à dorer pour poursuivre la cuisson jusqu'à l'obtention d'une belle caramélisation, soit environ 30 minutes.
- Débarrasser aussitôt sur une grille

Dartois

INGREDIENTS

- 1 recette de pâte feuilletée
- 1 recette de crème d'amande avec
- 100g de beurre,
- 100g de sucre semoule,
- 100g de poudre d'amande,
- 100g d'oeufs,
- 1/2 gousse de vanille et 5g de rhum
- Finition : 2 oeufs + 50g de sirop à 30°

TEMPS DE PRÉPARATION

- Prep : 1h
- Cuisson : 30min

INSTRUCTIONS

- Réaliser une recette de pâte feuilletée
- Réaliser une recette de crème d'amande aromatisée au rhum et vanille
- Abaisser le pâton de feuilletage en un rectangle de 40x60cm
- Détailler deux rectangles dans le sens de la longueur dont un moins large que l'autre d'1cm qui servira de semelle.
- Sur la plus petite bande de feuilletage, appliquer de l'eau au pinceau sur les rebords du rectangle, sur 1cm environ.
- Garnir de crème la poche munie d'une douille unie 10 et pocher des cylindres de crème dans la longueur de la bande de feuilletage en laissant le rebord humidifié de 1cm.
- Recouvrir de la deuxième bande et appuyer fermement sur les rebords pour bien souder le dartois.
- Chiqueter les rebords au couteau d'office
- Dorer le dartois avec l'oeuf battu.
- Réaliser le décor souhaité avec le dos d'un couteau d'office
- Cuire à 200° pendant 20 minutes puis baisser à 160° pour les 30 dernières minutes de cuisson
- Glacer le dessus du dartois au sirop 30° et débarrasser sur grille

PÂTE LEVÉE FEUILLETÉE

Il est important de bien mémoriser le découpage pour obtenir le bon nombre de pièces demandées.

On retrouve :
- Croissants
- Pains au chocolat
- Pains aux raisins

Croissants

INGREDIENTS

POUR 16 CROISSANTS
- 1 recette de pâte levée feuilletée
- QS d'oeufs pour la dorure

TEMPS DE PRÉPARATION

- Prep : 15min (hors pousse)
- Cuisson : 20 min

- Réaliser une pâte levée feuilletée
- Fleurer le plan de travail et abaisser la pâte sur 60x40cm
- Diviser cette abaisse en 2 pour obtenir deux abaisses de 30x40cm chacune
- Faire une petite encoche à 8, 16, 24, 32 et 40cm au-dessus
- Faire une encoche à 4, 12, 20, 28 et 36cm en dessous

INSTRUCTIONS

- A l'aide d'une règle et d'un petit couteau, relier les points
- Détailler 16 triangles de 21 cm de longueur sur 12 cm de base avec le couteau de tour et les empiler afin qu'ils ne croutent pas
- Prendre un triangle et l'étirer en tirant légèrement sur la pointe afin d'obtenir davantage de tours
- Faire une incision de 1cm sur la base
- Rabattre les deux bords de l'incision vers l'extérieur
- Rouler le croissant en prenant soin d'étirer les pointes vers l'extérieur afin de lui donner un peu plus de largeur
- Afin d'éviter les "oreilles", écraser légèrement les pointes entre la paume de la main et le plan de travail
- Renouveler l'opération pour chaque pièce

- Placer les 16 croissants sur une plaque graissée et les dorer délicatement à l'oeuf en prenant soin de ne pas mettre de dorure au niveau des couches de feuilletage, car cela gênerait leur développement
- Apprêter en étuve pendant 1h à 1h30 les croissants doivent doubler de volume
- Préchauffer le four à 180°
- Dorer à nouveau puis enfourner 20 minutes. Les croissants doivent être bien dorés
- Réserver sur grille

ASTUCES

Eviter les pertes en réutilisant les chutes en les insérant à l'intérieur de chaque pièce

---

Pains au chocolat

INSTRUCTIONS

- Réaliser une pâte levée feuilletée
- Fleurer le plan de travail et abaisser la pâte sur 60x40cm
- Diviser cette abaisse en 2 pour obtenir deux abaisses de 30x40cm chacune
- Réserver une abaisse au frais le temps de façonner l'autre
- Détailler 10 rectangles de 8x15cm avec le couteau de tour et les rouler en y insérant 2 bâtons de chocolat
- Retirer l'excédent de farine à l'aide de la brosse
- Faire la même chose avec la deuxième abaisse
- Placer les 20 pains au chocolat sur une plaque graissée en prenant soin de placer la clé en dessous
- Dorer délicatement à l'oeuf en prenant soin de ne pas mettre de dorure au niveau des couches de feuilletage, car cela gênerait le développement
- Apprêter en étuve 1h à 1h30, ils doivent doubler de volume
- Préchauffer le four à 180°
- Dorer à nouveau puis enfourner pendant 20 minutes, les pains au chocolat doivent être bien dorés
- Réserver sur grille

INGREDIENTS

POUR 20 PAINS AU CHOCOLAT

- 1 recette de pâte levée feuilletée
- 40 bâtons de chocolat
- QS d'oeufs pour la dorure

TEMPS DE PRÉPARATION

- Prep : 15min (hors pousse)
- Cuisson : 20 min

Pains aux raisins

INGREDIENTS

POUR 16 PAINS AUX RAISINS
- 1 recette de pâte levée feuilletée
- 1/2 recette de crème pâtissière
- 150g de raisins secs réhydratés
- 1 recette de sirop à 30°
- QS d'oeufs pour la dorure

TEMPS DE PRÉPARATION
- Prep : 30min (hors pousse)
- Cuisson : 20 min

INSTRUCTIONS

- Réaliser un sirop à 30° en y mettant les raisins secs pendant 10 minutes afin qu'ils se réhydratent
- Réaliser une crème pâtissière, filmer au contact et mettre au frais
- Egoutter les raisins secs
- Réaliser une pâte levée feuilletée
- Fleurer le plan de travail et abaisse la pâte sur 60x40cm
- Fouetter vigoureusement la crème pâtissière pour la détendre et la lisser, et l'étaler à l'aide d'une palette coudée sur toute la surface de la pâte en prenant soin de laisser 1 à 2 cm de marge sans crème
- Déposer les raisins sur toute la surface
- A l'aide d'un pinceau humidifié, mouiller la marge de pâte sans crème
- Rouler la pâte en finissant par le côté mouillé pour coller le rouleau
- Placer le rouleau au frais quelques minutes pour faciliter la découpe
- Sortir le rouleau du frais et à l'aide d'un couteau à génoise, découper 16 escargots de même taille

- Pour vous aider à avoir des pièces régulières, couper d'abord votre boudin au centre, vous avez ainsi 2 boudins
- Couper chaque boudin au centre, vous avez donc 4 boudins et ainsi de suite jusqu'à en obtenir 16
- Placer chaque escargot sur une plaque graissée ou recouverte de papier sulfurisé
- Dorer une première fois et apprêter en étuve 1h30 à 2h. Ils doivent doubler de volume
- Préchauffer le four à 180°
- Dorer à nouveau puis enfourner 20 minutes, les pains aux raisins doivent être bien dorés
- Mettre du sirop 30° à la sortie du four pour plus de brillance
- Réserver sur grille

ASTUCES

Remplacer les raisins par des pépites de chocolat ou des noisettes, amandes, pistaches concassées...

BISCUITS ET AUTRES NOUVEAUTÉS

Quelques nouveautés au programme

On retrouve :
- Le diamant
- Le financier
- Les madeleines
- Les rochers coco
- Eponges
- Cake
- Cookie
- Tuiles aux amandes

Le diamant

INGREDIENTS

POUR 30 DIAMANTS
- 1 pâte à diamants : 400g de farine T55,
- 3g de levure chimique, 5g de cannelle,
- 230g de beurre, 80g de sucre semoule,
- 3g de fleur de sel, 100g de crème liquide,
- 40g de jaune d'oeuf 400g de sucre cassonade pour la finition

. . . .

INSTRUCTIONS

- Réaliser une pâte à diamants : tamiser la farine, la levure et la cannelle en poudre
- Sabler le mélange avec le beurre et la fleur de sel
- Ajouter la crème + le sucre + les jaunes
- Malaxer et fraser la pâte Façonner des cylindres de 3cm de diamètre
- Verser le sucre cassonade dans une plaque à débarrasser et rouler les cylindres dedans
- Réserver 20 minutes au froid négatif
- Détailler les cylindres en palets de 0,5cm d'épaisseur à l'aide d'un couteau de tour
- Disposer sur une plaque recouverte de papier sulfurisé
- Cuire à 180° pendant 15 min jusqu'à l'obtention de palets blonds à coeur et légèrement bruns sur les contours

Le financier

INGREDIENTS

POUR 25 FINANCIERS

- 200g de beurre
- 4g de sel
- 80g de miel
- 140g de sucre glace
- 150g de blanc d'oeuf
- 100g de farine T55
- 100g de poudre d'amande
- 50g de purée d'abricot

TEMPS DE PRÉPARATION

- Prep : 4h (avec pousse)
- Cuisson : 12 à 25 min

INSTRUCTIONS

Réaliser l'appareil à financier

- Cuire le beurre noisette dans une casserole jusqu'à une couleur blonde.
- Ajouter le miel Verser le beurre noisette dans un récipient et aouter le sucre glace + sel + blancs d'oeufs + purée d'abricot
- Fouetter le mélange
- Ajouter farine + poudre d'amande
- Mélanger au fouet et réserver 20 minutes au frais
- Garnir les moules à financiers aux 2/3 Cuire à 200° pendant 15 minutes jusqu'à l'obtention de financiers blonds
- Démouler à la sortie du four et filmer individuellement les financiers ou les mettre dans une boîte hermétique

WWW.OBJECTIFPATISSIER.FR

Madeleines

INGREDIENTS

POUR 25 MADELEINES

- 500g de beurre
- Zestes d'un citron
- Zestes d'une orange
- 225g de sucre semoule
- 200g d'oeufs
- 360g de farine T55
- 12g de levure chimique
- 30g de miel
- 160g de lait
- 100g de praliné amande noisette
- 100g de framboise pépins
- 100g de pâte à tartiner

INSTRUCTIONS

Réaliser un appareil à madeleines

- Zester le citron et l'orange
- Faire fondre le beurre avec ces zestes
- Fouetter les oeufs + lait + sucre + miel
- Ajouter la farine + levure tamisée + beurre fondu + zestes
- Fouetter Réserver 20 minutes au froid positif
- Garnir 2/3 des moules à madeleines à l'aide d'une poche à douille
- Cuire à 180° pendant 12 minutes
- Démouler à la sortie du four
- Après refroidissement, mettre la garniture au choix (pâte à tartiner, framboise pépins, praliné amande noisette...) à l'aide d'une seringue

Rochers coco

INGREDIENTS

POUR 24 ROCHERS
- 120g de blanc d'oeuf
- 240g de sucre semoule
- 240g de noix de coco râpée
- 40g de compote de pomme sèche
- 100g de napage neutre

INSTRUCTIONS

- Mélanger les blancs avec le sucre + noix de coco + compote à l'aide d'une maryse
- Dresser les rochers sur une plaque avec papier sulfurisé et les façonner à l'aide des doigts humides
- Cuire 8 minutes à 240° jusqu'à l'obtention de rochers blonds et bruns sur les rebords
- Napper de nappage neutre à la sortie du four
- Conserver dans une boîte hermétique

Éponges

INSTRUCTIONS

Réaliser l'appareil meringué

- Monter les blancs au fouet et les serrer avec la plus petite quantité de sucre semoule
- Mélanger les 125g de sucre semoule aux 125g de poudre d'amande et ajouter ce mélange aux blancs montés
- Ajouter la farine à l'aide d'une maryse
- Mélanger délicatement pour ne pas faire retomber les blancs
- Coucher en quinconce les coques de 2cm de diamètre sur une plaque recouverte de papier sulfurisé, à l'aide d'une poche à douille munie d'une douille 10
- Parsemer les éponges d'amandes hachées
- Cuire à 180° pendant 10 minutes jusqu'à l'obtention d'éponges blondes et légèrement plus brunes autour
- Garnir les éponges de framboise pépins à l'aide d'une douille 10, au niveau de la base puis coller une autre éponge comme pour les macarons
- Saupoudrer de sucre glace

INGREDIENTS

POUR 30 ÉPONGES

- 150g de blanc d'oeuf
- 50g de sucre semoule
- 125g de sucre semoule
- 125g de poudre d'amande
- 50g de farine T55
- 200g de framboise pépins
- QS de sucre glace

Cake

INSTRUCTIONS

Réaliser un appareil à cake

- Macérer les fruits confits, les cerises et les raisins avec le rhum
- Réaliser un beurre pommade à la maryse
- Ajouter le sucre + sel + miel + oeufs.
- Fouetter le tout
- Egoutter les fruits et récupérer le rhum.
- Mélanger les fruits à la farine et à la levure tamisées
- Incorporer le rhum au mélange avec une maryse puis les fruits farinés

Beurrer les moules à cake et les chemiser avec des amandes effilées Garnir les moules de l'appareil à cake aux 2/3. Parsemer d'amandes effilées Garnir une poche à douille de beurre pommade et tracer un cordon au milieu du cake sur toute la longueur Cuire 1h à 150° jusqu'à ce que le cake soit cuit et que la lame du couteau ressorte sèche Démouler, puncher avec le sirop 30° aromatisé au rhum

INGREDIENTS

POUR 2 PIÈCES

- 100g de fruits confits
- 50g de cerises bigarreaux
- 50g de raisins secs
- 10g de rhum
- 180g de beurre
- 180g de sucre semoule
- 200g d'oeufs
- 10g de miel
- 200g de farine T55
- 6g de levure chimique
- 2g de sel

Garnissage

- 40g de beurre
- QS amandes effilées

Sirop de punchage

- 200g de sirop 30°
- 100g de rhum

Cookie

INGREDIENTS

POUR 25 COOKIES

- 1 pâte à cookies : 130g de beurre, 30g de cacahuète, 160g de sucre cassonade, 50g d'oeuf, 250g de farine T55, 3g de levure chimique
- 60g de pépites de chocolat
- 60g de raisins secs
- 60g de noix

INSTRUCTIONS

- Réaliser une pâte à cookies : crémer le beurre avec le beurre de cacahuète et le sucre cassonade et l'oeuf
- Ajouter la farine et levure préalablement tamisées
- Malaxer le tout et fraser la pâte sur un plan de travail Ajouter les garnitures (chocolat, raisins, noix...) et malaxer à nouveau
- Façonner des cylindres de 15cm de long et 5cm de diamètre
- Les envelopper dans du film alimentaire et les bloquer 20 minutes au froid négatif
- Retirer le film
- Détailler les cookies de 1cm d'épaisseur au couteau de tour
- Disposer sur une plaque avec papier sulfurisé cuire 180° pendant 12 minutes

INGREDIENTS

POUR 25 TUILES
- 90g de blanc d'oeufs
- 85g de sucre semoule
- 85g de beurre
- 20g de farine T55
- 60g d'amandes effilées

Tuiles aux amandes

INSTRUCTIONS

Réaliser un appareil à tuile
- Faire fondre le beurre et le laisser refroidir
- Mélanger les blancs d'oeufs avec le sucre au fouet, sans les monter
- Ajouter le beurre froid + la farine + les amandes effilées
- Malaxer l'appareil et réserver au froid positif 5 minutes
- Dresser l'appareil à tuile en petits tas sur une plaque avec tapis de cuisson
- Utiliser le dos de la fourchette pour étaler en disque réguliers
- Cuire 12 minutes à 180°C
- Décoller les disques cuits et les disposer dans les gouttières pour qu'elles prennent la forme en refroidissant

Merci !

VOUS VOULEZ EN SAVOIR PLUS ?

Découvrez notre formation en ligne sur : www.objectifpatissier.fr
Et n'hésitez pas à nous contacter sur

OBJECTIFPATISSIER@GMAIL.COM

Printed in Great Britain
by Amazon